远近丛书

童 年
L'ENFANCE

［中］张　炜　［法］施舟人　著
袁冰凌　译

北京大学出版社
PEKING UNIVERSITY PRESS

"远近丛书"就是想突出不同文化环境中个人的体验和差异。每一本书由一个中国作者和一位法国作者就同一主题同时撰写,然后用法文和中文互译出版。试图把两个全然不同的普通人的生活体验联结在一起,达到互相参照和沟通的目的,这种设计无论在中国还是在法国都是第一次。

乐黛云
中国比较文学学会会长,北京大学中文系教授

我们的跨文化对话用面孔和事件替代了抽象概念。我们这种做法最有典型意义的,则莫过于"远近丛书"了。我们在这套丛书里谈论死亡、美、自然与梦。但却不是对这些重要抽象概念的中欧观念比较论文;而是每一本书的中国作者和欧洲作者以第一人称讲述,并通过谈他们自己对死亡、美、自然与梦的观念,使这些概念具体化。按词源学"言语交错"这个意义上的对话只因为对话伙伴的存在而存在。

卡兰姆
瑞士-法国人类基金会主席

远近丛书

天	[中]汤一介	[法]汪德迈
对话	[中]高宣扬	[法]程抱一
童年	[中]张　炜	[法]施舟人
树	[中]唐克扬	[法]巴士曼

童

年

童年

序

中国古话说"人之不同,各如其面"。朝夕相处的人尚且不相同,何况远隔重洋,在完全不同的文化环境中成长起来的人呢?事实上,就是同一个人,从不同的角度和眼光来看,也全然不同;中国古代诗人苏轼(1037—1101)早就说过:"横看成岭侧成峰,远近高低各不同;不识庐山真面目,只缘身在此山中。"一个封闭的自我是不可能真正认识自己的;一个封闭的民族也不可能真正了解自己的长处和弱点,从而得到发展。所谓"和实生物,同则不继"(《国语·郑语》),就是说,只有参差不齐,各不相同的东西,才能取长补短，产生新的事物，而完全相同的东西聚在一起，则只能永远停留于原有的状态，不可能继续发展。因此，孔子一贯强调必须尊重不同，他说："君子和而不同，小人同而不和。"有智慧的人总是最善于使不同的因素和谐相处，最大限度地发挥其各自的特点，使之成为可以互相促进的有益的资源，这就是"和"。

要保持独特之处，就必须从每一个人自己的人生体验出发，而不是从已经形成的概念、体系出发。中国古人认为每个人都是生活在自己的时间里，个人在不同的时间里与周围的环境构成一种"情景"，这种"情景"随个人的心情，个人与他人的关系，以及周围景物的变化而变化。没有作为主体的人的体验，外在的一切就不能构成意义。

我们编写这套丛书的动机就是想突出不同文化环境

中人的体验和差异,并期待在这一过程中,遥远的地域环境、悠久的历史进程、迥异的文化氛围都会从这些体验和差异中由内而外地弥漫开来,相互点染。中国和法国远隔重洋,但两国的文化都被公认为是历史悠久、富有情趣、各具特色的。因此,我们首先选择中国和法国作为"远""近"的两端,进行跨洲际、跨文化的普通人的对话。每一本书由一位中国作者和一位法国作者就同一主题同时撰写,然后用法文和中文互译出版。试图把两个全然不同的普通人的生活体验联结在一起,达到互相参照和沟通的目的,这种设计无论在中国还是在法国都是第一次。令人高兴的是这一设计在中国和法国都引发了许多年轻人,一如年长者的兴趣。以后的各辑将会陆续出版。

另外,我们也希望这是一套供你欣赏,能为你提供美好心情的小书，因此文笔力求亲切活泼，版式也力求精巧玲珑，以便你在车上、船上、临睡时、等待时都可以得到阅读的愉悦。孔子说：知之不如好之，好之不如乐之。孔子赞美的超越于功利的纯美的享受，也正是我们所想奉献给你的。

最后，我们要特别感谢法国人类进步基金会、欧洲跨文化研究院、北京大学出版社和法国DDB出版社的支持，没有他们，这个致力于普通人之间的文化沟通和了解的、面向未来的"创举"就不会有实现的可能。

中国北京大学教授

目 录

张　炜　　童　年 / 1

一　童年的居所 / 2

二　林与海与狗 / 11

三　马的故事 / 17

四　金黄色的菊花 / 30

五　绿色遥思 / 71

六　我跋涉的莽野 / 82

施舟人	**我的童年生活** / 93
	牧师馆的童年 / 101
	战争 / 110
	儿童公社 / 114
	我的哥哥威廉 / 122
	父母的营救犹太人活动 / 125
	躲藏时期 / 134
	饥饿的冬季 / 141
	在北方 / 148
	解放 / 159
	去德国 / 166
	在儿童公社的最后一段日子 / 170
	回到阿姆斯特丹 / 175
	铁欧 / 182
	母亲的晚年 / 189
	篇后话 / 192

童 年

张 炜 著

一 童年的居所

1

我常常觉得自己是这样的一个人:一直在不停地为自己的出生地争取尊严和权利的人,一个这样的不自量力的人;同时又是一个一刻也离不开出生地支持的人,一个虚弱而胆怯的人。这样讲好像有些矛盾,但又是真实的。我至少具有了这样两种身份,这两种身份统一在我的身上,使我能够不断地走下去,并因此而走上了一条多多少少有别于他人的道路。

我的出生地今天叫做"龙口"——在过去,中国的秦始皇时代设立了一个郡县,叫黄县。这个县城今天还在,不过它所管辖的范围已经大大变小了,小到过去的十几分之一(?)。龙口市的设置当时没有,只是隶属于黄县的一个小渔村。到了本世纪三四十年代,才有了龙口市,与黄县并列。六十年代,龙口缩为黄县的一个镇。八十年代初,黄县开始称为龙口市,当然它已经包含了过去的"龙口"。

龙口市今天的主要辖区是一片海滩冲积平原,只有市区的南部是山地,西部和北部濒临大海。占土地面积百分之八十的是平原。在过去,只有中间部分是发达的,而南部的山区和近海平原不仅贫穷,而且荒凉。我这儿要说的是我的更具体的出生地,它就是渤海湾畔的一片莽野。当时这儿地广人稀,没有几个村庄,到处都是丛林。五十年代中期依靠国家的力量在丛林当中开垦了几个果园,但总体上看还是荒凉的。我出生时,我们家里人从市区西南部来到这片丛林野地也不过才七八年。当时只有我们一户人家住在林子里,穿过林子往东南走很远才能看到一个村子,它的名字很怪,叫"灯影"。

"灯影"在我童年的眼里差不多是人间的一座城郭。那里有过多的喧哗和热闹,这一切在当时的我看来简直有些吓人。而今天看它当年不过是一个非常简陋的小村,村民以林业农耕为主,多少捕一点鱼。

我们家到丛林里来为了躲过兵荒马乱的年月,

因为有人在这儿搭了一座小茅屋。想不到我们就在这样一座小屋里一直住下去,并且不再挪动,我也出生了。我一睁眼就是这样的环境,到处是树,野兽,是荒野一片,大海,只很少看到人。我的父亲长年在外地,母亲去果园打工。我的大多数时间与外祖母在一起。满头白发的外祖母领着我在林子里,或者我一个人跑开,去林子的某个角落。我就这样长大,长到上学。

2

最难忘的是童年的居所,是它的四周。我简直不是住在一座屋子里,而把整个荒原当成了我们的居所。海滩平原上灌木丛生,草地无边;有的地方丛林茂密,野物啼叫不息。在海滩上常常会遇到手提长枪的粗骠的猎人,他们戴翻皮帽子,有的还戴了眼镜。我见过一个面孔白皙的文雅猎人,他脸上青青的静脉血管清晰可辨,身背黄色挎包,内装吃物和一些火药……我们居住的地方在园艺场和林场之间,是一片很小的果园。我们房子四周是品种齐全的茂密高大的果树。有各种各样的杏树——杏树分好多好多品种;有一种"桃杏",味似红薯,杏皮上满是绒毛,红扑扑宛如少女脸颊;还有一种杏子小巧玲珑,洁白如雪,近乎透明,咬一口甘甜如蜜。还有一种"血桃",咬一口红汁四溅,鲜气荡漾。这种桃子叶片乌黑发亮,枝冠茂密,最适宜攀援游戏捉迷藏。记得家里老人为了引诱我多吃这种桃子,就说"闭着眼睛,看谁嘴巴张得更大"。我张大了嘴巴,她就将一枚桃子塞入我的口中……记得有一株桃树已经被流沙埋至树冠,但它不甘被埋没,仍然茂长,在阳光下长成茂密的一丛,欣欣向荣,看上去就像数棵桃树挤在了一起,而且结出了数不清的果实。我那时候甚至怀疑它们都没法收获,也来不及收获;这是真的。因为在秋天我亲眼看到这棵桃树四周的沙地上滚满了数不清的成熟桃子。那时候我躺在树下滚动玩耍,一张嘴就能咬住一个桃子。值得追忆的还有几株樱桃、几株山楂。樱桃在那时候是特别诱人的一种果实,像玛瑙一样红,像玻璃一样亮,像珠子一样圆润;它们形成之前的洁白的花朵又是最美最美的——连在长长的蒂梗上,让人无比爱怜。我甚至记得这几棵樱桃树受伤的时候所流出的树鳔的颜色：它们像凝固的血，又硬又亮；总之，让人永难忘怀。那棵山楂树因为特别大，也值得一记。因为我后来就没有见过这么大的山楂树。它的树干，一个人搂抱不过来，连树冠上面普普通通的枝桠也有人的手腕粗；到了开花的季节，它真是繁花似锦，招引了无数的蜂蝶……可惜，这些记忆中的景物，和那段好时光一起消失了。我认为这是一生中最宝贵的一段生活。

在我们屋子的西边，就是一处莽林。那片林子无比茂密，上乔下灌，而且野物繁多。那里面当然有很多蘑菇，林子里水汽淋漓，蛛网密布，还有一种旱蟹，浑身长满茸毛。林子里的树种，主要是高大的白杨和粗壮的橡树。所有的杨树都特别茂盛，让人怀疑它们的根须都扎在了一条奇特的地脉上。这片树林即便在白天进入也昏暗如阴，真正是遮天蔽日啊。橡树长在杨树之间，油黑坚硬。可爱的橡实结在树上，引诱我去攀援去摘取。记得我曾经把它误认为板栗，放在火里烧烤。成熟的橡实在沙地茅草间滚动，让我愉快地捡拾一个秋天。我耳旁至今还响着风吹树林的呜呜声，响着林场工人的呼叫，响着姑娘们的欢笑。有一个体态婀娜脸形极为奇特的姑娘，至今在记忆里还很清晰。她翘翘的鼻子让人想起狐狸，光亮的微凸的额头以及吊起的眼角，综合出一股迷人的神采。她穿着紫红方格上衣，背着手充满自信地、沉稳地在树棵间寻找蘑菇。她好像是这方面的能手。林场里有个负责人，一身黑衣，口吃，左眼微斜，手持烟斗，爱吃一种海贝罐头。他逮住进林子玩耍的儿童，就要让他们背着手排成一行张大嘴巴，然后夹住罐头盒里的海贝肉，往每人嘴里投一个，然后一人踢一下屁股，哈哈大笑，扬长而去。他有一条狗，一头永远拴在水井旁的黄牛，还有一个眼皮上长小疤的、坐在场房中央补麻袋的姑娘……

这片林场的北面就是连绵无边的沙岭，上面长满了无人管理的杂树。这片杂树间有无数新奇的玩意儿，好像里面有一万种野生的果子。这片灌木林杂生着一株株乔木，似乎是更有诱惑力的去处。有人在林子里迷路，那是常事。至于藏在林子里的稀奇古怪的故事就数不胜数了。那里面没有什么事情不可以发生，如果说从沙岭丛林间走出一位仙女或者天上的老人，或者是一只会飞的猪，都不算奇怪。我们屋子的南边是一片榆树林，那是清一色的黑榆。到了秋天，榆树钱放出的甜香，总是令人无比愉快。榆树林里有一种獾，有一次我低头探望，正好看见这样的一只獾在抬头看人。我们就那样打了个照面，互相很客气地笑了笑，点点头离开了。日后我才意识到这是一场奇遇。我曾把这故事告诉了许多人。还有一次，我在树下的野豆角蔓里无意中按住了一只半大的黄鼬，它竟然不慌不忙地从浓密的叶蔓间昂出了小巧的头颅。我第一次离这样近看到这么一副美丽的容颜，惊讶狂喜不知所措。记得它长了一只青绿色的嘴巴，整个神气间是压倒一切的机灵。那一对眼睛才真叫水汪汪。那是一对圆圆的大眼睛——我相信会有什么人去嫉妒的。榆树林的东边，也就是我们屋子的东边，有一条水渠，它日夜哗哗流淌，奔向大海；渠底游鱼，清晰可辨。青苔、水藻，常年不断。藻下有螺，渠岸上一排洋槐树临水解渴，所以就越长越茂，夏天繁花似锦。水渠的东面是一片大小均匀的苹果树。据说那原是一个城里地主的地产,所以那一小片果园以他的名字命名,一直未改,好像叫什么权果园。那个"权"字今天才叫我们焕发想象。

这就是我儿时记忆中的景物。当然了,现在这一切都不复存在了。取代它们的是什么呢?是长着荒草的沙滩,是被取沙车挖成一个个大洞的千疮百孔的沙原;再就是工区、工地、楼房、烟囱,和不知从哪儿汇集而来的阔大的宿舍居住区。人烟理所当然地稠密了,树木理所当然地被排挤了。就连碧蓝的大海也改变了颜色,因为有两个造纸厂正日夜不停地往里排放褐色碱水、冲刷纸浆和木材草屑。

至于老人口中传说的当地自然景观,那是连想也不敢想的。在他们嘴里,这里像是一片原始森林;在这里居住的人,在无边的丛林之下,绝对温顺而恭敬。他们不敢妄动,巨大的不可理解的自然力震慑了他们。他们恍恍惚惚知道有个森林的精灵在注视着。在他们眼里,林木无边,他们也从不想去弄个明白……大概由于水汽充盈丛林茂密的缘故,雨雪大得惊人。那时的冬天才是冬天。那时的冬天像一个严厉的男性,而现在的冬天有时温吞吞,有时又忽冷忽热,像一个性情乖戾的阴阳人。老人曾告诉,在离我们屋子不远处的柳林里,乌鸦成群结队,它们的翅膀每个夜晚扑断的干细枝条可以覆盖地面……野鸽子、斑鸠、山鸡,在四周的田野上飞得呼呼有声。午夜里是雁鸣,那种奇妙的声音先是越来越大,最后稀疏淡远;当这种声音消失了的时候,黎明也就来临了。

二 林与海与狗

一说到"童年"两个字,我的心中很快出现并列一起的三个部分:林子,大海,狗。它们纠集于我的童年。也许"狗"做了一切动物的代表,但它仍然是具体的狗。它不仅给我友谊,帮助我理解,而且还让我透视了许多生命的奥秘。林子在海滩平原上,狗和各种动物在林子中,我则徘徊在它们之间。

上学后童年就被约束了。但走出校门的时间总多于规规矩矩做学生的时间。我撒腿在林子里奔跑,欢乐享用不尽,留做一生滋养。我从小就认识了数不清的植物。大树灌木花草各长在什么地方,什么模样,都了然于心。它们后来只需我以植物学上规定的名称重叫一次而已。

海滩上林密人稀,只有很少几个村庄散在远处。猎人、采药人、渔人,是他们在林中活动。关于林子的传说很多,这些传说的主题从许久以前就形成了,主要是劝人不要伤害动植物。它贯彻了人与物平等的观念。比如说口口相传的故事中,人往往不如一只动物善良和聪明,也不如一棵老树更值得敬重,等等。

国营林场里有一位老人,一些年轻工人。他们对我和为数极少的那几个朋友都很重要,反过来也是一样。他们给我们故事和吃的东西,让我们看他们的狗;我们则使他们不寂寞,高兴;有时也让他们解解恨。因为人有时候总要发火、骂人,要追赶,这都是经常发生的。林场的人常为一些微不足道的事情翻脸,如临大敌地追捕我们。我们就在林子中蹿与藏。他们大了,心眼多,可是跑得慢,手脚笨。其实我们不过是摘了他们几条黄瓜、爬树折断了枝桠之类。他们动此干戈多不值得。现在想一想,可能是他们太孤单无趣了,就半真半假地纠缠我们。

还有果园工人。这些人与我们好的时候特别可亲。好的季节是冬天和春天。那时他们修土埂、浇水和剪枝,在鲜花中劳动,人也和蔼。他们开我们的玩笑,互赠吃物,与各位家长来往时笑脸相迎。但果子大了熟了就不行了。那时他们声气变粗。因为我们要想法弄一些果子。现在回想,人在小时候对樱桃、李子和苹果的思念真是不可思议。一定要偷,要摘。吃果子的欲望盖过一切。人的生命在那个阶段可以概括为"果子时代"。

也就是那种欲望使我们与果园工人关系紧张。他们提防我们,用对付敌人的办法来整治我们。比如埋伏、设绊子,一旦抓到就不依不饶。我们顺着紫穗槐灌木往前爬,爬到果园来一次偷袭。而他们也常常趴在紫穗槐下守株待兔。那是恐怖难忘的季节。

许多人在我们长大之后,在庄重的场合相互见面了,一想起往昔的对峙,个个不无尴尬。

穿过林子和草地去海上。海的春冬秋夏各有不同,很难说哪个最好。有人特别歌颂夏天的海,一提到海就是"畅游"。这是不能深入了解海的缘故。真正的吸引分在四季。冬海的颜色,浪涌推上的螺与鱼、一些木板小瓶杂物,就远非其他季节可比。还有,冬海里没有多少船,海边最静,只有看渔铺的三五个老人。他们脾气怪,有新鲜大鱼,还教我们抽烟喝酒。如果要了解大人的故事,就得去找看渔铺的老人。他们健谈，乱说，没有禁忌。冬天的大鱼有逼人的鲜气，一锅鱼汤的美味从此不忘。冬鱼油旺，白水煮鱼只放一点姜和醋，有时还洒几滴酒。老人让我们回家偷酒，我们偷了。记得我们当中就有四个是他们教会了抽烟的，家里人发现了也并不严厉制止，只说："抽吗？早了些。"

夏天进海游泳的欢乐说了又说，是因为我们见到和经历的非他人可比。有一个叫"老黑"的人，能手擎裤子游到深海，来去自由。有一次他与人打赌，说要游到水雾蒙蒙的一个岛子上。他真的游去又游回。而今这一段水路通客船了，船跑一个单程要半个小时。

海上不穿裤子的人多，他们自然地来往，劳动中的裸体好看。我们从小习惯了这样的裸体，懂得了人体美。我们同时注意到：买鱼的或来海边游玩的女人并不憎恶和好奇。她们安详平静的目光在裸男身上划过，让人觉得成熟和从容。这一点经历，能够让我们在后来的社会风俗变异中安然处之，让我们较为坚强和正常地面对各种思潮，包括社会体制的变革。

我们还亲眼看到一个人赤身裸体在海里逮一个大海蜇。它的彩色飘带缠到了他身上,使其疾喊无声,最后遍体灼伤。人疼得死去活来,躺在沙滩上滚动。

海上老大嗓门最豪,他是我一生中所见到的最能粗吼的人。这人后脖子上有一块厚肉墩,他在沙地上跑和喊,那肉就不停地颤。我们无论是在光亮逼人的白昼,还是在一排排火把下,都过分留意了他那个大肉墩。我们甚至觉得它是海上老大的必然徽章。他长得粗眉大眼,五十多岁;据说二十年前浪迹天涯,并为许多女人所宝爱。

受人护佑和珍惜的大狗在人群中伫立、游走。它们有人一样的神情,挺胸昂首去看汹涌的海。它们见了打招呼的人就点点头,活动一下双脚,重新观察大海。不少人提到了欢蹦的狗和顽皮的狗,当然,那是它们幼小的时候。投入成人生活的大狗神气很像人,并且不苟言笑。

我们家养了几次狗,为它们自豪和痛苦。它们一生的主要事迹可以写成一本大书。它们个个温情而机智，见义勇为。它们的结局都与动荡的社会有关。在急剧躁动的岁月，人都变得疯狂了，所以它们就成为牺牲品。这样的悲剧是人类社会悲剧的缩影。这使我们在后来的悲剧——发生的和必将发生的悲剧中，能够有所提防、有所预感和有所认识。

　　大黄狗，棕色和栗色的狗，大花狗，都是品质优异的狗。它们在进入人类生活之前仿佛先自选择了一次，因为我不记得特别坏和特别让人厌恶的狗。它们陪伴了童年，并让人长思不绝。

三 马的故事

1

园艺场的饲养棚里有很多可爱的动物。小时候,这是我获得欢乐的一个重要去处。它在果园深处,大约是在西北角的一片丛林里,四周有高高的、红砖砌成的围墙,有大烟囱,有白杨树,树上有一群群的灰喜鹊。饲养场养着一些牛、羊、猪、鸡、驴、骡,主要的还是马。饲养员有好几个,他们各自管理不同的动物群,戴着套袖、帽子,扎着围裙,手里总是提一把铁勺或扫帚,忙忙碌碌,一边做活一边咕咕哝哝。

他们大多是年过半百的人,几乎无一例外地叼着一个烟斗。

养马的是一个叫老安的老头。据说他以前当过兵,在部队就养马。在我看来,只有他才更像一个饲养员。老安当年在一个骑兵连里喂马,由于没有文化，自己也讲不清那是一支什么队伍。有人怀疑他当过白军，甚至是土匪。老安极力否认，可又拿不出证据。

就是这样的一位老人，和善、安稳，对所有的人都不敢得罪，因为他的身份还是一个悬案，所以他要讨好所有的人。

那一排大马油光闪亮，红色的、棕色的，甚至有一匹接近纯白色的，可惜它的尾巴那儿有一点儿灰黑色，耳朵上有着黑斑，肚腹那儿颜色也不太纯；要不的话，它该是一匹多么漂亮的白马。比起它来，它身边的另一匹灰色的马却完全是统一的颜色，而且这匹马微胖，毛色也更亮一些。我觉得它是一位女性。

老安告诉我它是一匹骒马。我从这位老人的嘴里懂得了"骒马"就是"母马"的意思。

2

我最喜欢的就是这匹灰马，它的名字叫"灰子"。我却固执地在心里叫它"慧子"。老安一直没有发现我称呼中的这个秘密,当我叫"慧子"的时候,他总是应和着,说灰子如何如何,如何如何。

平时我绝对被禁止进入那一道木栏的内部。它隔开了我和那几匹马。它们在木栏的那一边喝水,咀嚼草料。它们吃草发出的那种"切切"声非常诱人,它们吃得香甜,干燥的草秸被坚固的牙齿毫不犹豫地嚼碎,才能发出这种清脆的声音。

它们一律长着灰蓝色的水灵灵的大眼睛,有着长长的睫毛。我从来认为所有的眼睛都不如马眼漂亮。它们聪慧、机智、明亮而且永远有着女性的温馨。

有一段时间,大约每个周六我都要到饲养场去,几乎是直奔马棚。那一溜大马并不是总在那儿,有时候这一匹不在,有时候那一匹不在。所有马的名字我都叫得上来,谁不在,谁就是出去工作了。它们大半就在园子里劳动,驾车或是做点别的。也有的要"出差"到更远的地方,比如到南山或海港。它们总是从海港那儿运回很多东西:煤炭、粮食,或是什么机器。

有一次就由慧子拉来了一台从未见过的机器,现在回想起来还非常神秘。

机器拉回来，又用两领席子小心地盖好，下面也铺了席子。我掀起席子一角仔细端量。四周没有人，我们就更大胆地端详起来。

这是一台柴油机，当时觉得尽善尽美。两个大大的轮子多么奇怪。它让人想起什么？想起碾盘。还有排气管、一些神秘的输油管和水管。

现在回想起来，还记起那台机器上有几个菠萝果似的东西。

总之，它精致、完美、神秘，几乎在一切方面都达到了一个极限。

后来，场地上的那几张席子就不见了，机器也不翼而飞了……许久之后我才在粉丝厂里看到了它。它在那儿"嗵嗵"鸣叫，带动起无数的齿轮一起转动。它原来有那么大的力量，这是我始料不及的。但是那儿绝对禁止参观，我只能俯在窗户上往里望。

这种兴趣并没有保持多久。后来我就从窗户跟前走开了，又回到了马棚那儿。

3

我相信慧子认识了我,而且与我产生了友谊。它在没事的时候就抬头看我,眼睛里似乎装满了问候与关切。老安不在的时候我就小声对它诉说,想把心里的隐秘告诉它。因为在这个世界上没有第二个人可以倾听这些;有些话我甚至在母亲身边也不曾说过,更不用说在同学之间了。

我好几次大胆地钻过木栅栏,站到它身边。我一点也不觉得危险。而在这之前,老安多次吓唬我,说千万不要走到马的近前,它们的蹄子如果踢过来,你也就完了。

我站在慧子旁边,它喘气的声音我都听得见。好几次,我想伸手抚摸一下它毛茸茸的双耳,它的脸颊,还有它柔软的嘴巴。我不太敢,甚至有点羞涩。

是的,我清楚地记得当时我在一匹马的旁边所感到的那种羞涩。我觉得我的衣服太寒酸了,由于个子长得太快,裤脚吊在那儿;鞋子也有些破,虽然穿了袜子,但袜子也已经很旧了。我觉得站在这么完美的大马跟前,真是显得分外寒酸。而且我觉得比起它来，我显得那么丑陋，而它竟然如此漂亮，干净，身上连一丝灰气都没有。我试过，在它的毛发上抚摸一会儿，手上一点灰尘都不沾。

我大着胆子去触摸它的茸毛了。它激动地一抖。我继续抚摸。它瞥了我一眼。后来我终于去摸它的耳朵了。一种温煦的、春阳一般的感觉顺着手臂传遍全身，喜悦没法表述。我又去摸它的脸颊、柔软的嘴巴。那柔软的嘴啊，只要抚摸一下就再也不会忘记。它的尾巴一动一动的，蹄子似乎也颤动了一下。

但是我敢肯定，它从来没有想过踢我一下。我抱住它丰硕的长颈，一下一下地搂抱、依偎。

4

有一天正在这样做，老安看到了。原来他早就站在栅栏外边吸烟斗。他的目光垂下来。我发现了他，手立刻从慧子颈上拿开。他说："这一匹可以，那几匹不行。它的脾气好，只有它行。"

我明白了，老安对慧子也比对其他的马好。

有一次慧子离开了,一连两天都没有见到。老安说它到南山去了,它驾辕,比它小一点的一匹棕色马和它作伴。老安告诉我,他真舍不得它们哩,那个赶车人毛手毛脚的,而在这之前都是他亲自赶车,他对它们照顾得才好。那时候他经常驾车到海港、到南山,甚至到更远的地方。"风里雨里啊",老安磕着烟斗,"那些日子经历了多少事情,可真不容易呀!人啊、马啊,其实都一样。有什么不一样?"他握着烟斗比划着:"我觉得人和马都一样,拉一辈子车,吃一点儿草、草料,就这么着。"

老安的眼望着天空,眨动着,像是害怕阳光。

三天之后,慧子回来了。

我吓了一跳:它身上满是泥巴、草屑,样子有些疲惫。老安过去给它洗刷身子,我帮老安提水。后来我发现老安的刷子挨上一个地方,慧子就全身抖动。老安的刷子颤了一下,烟斗从嘴里掉了。

天哪,那里有一道伤口,一寸多长。我哭了。老安没有哭,他转身就走,一会儿取来了一些药水。当他涂抹的时候,慧子全身的皮毛都抖。它甚至闭了一下眼睛。但只一会儿,它又像原来一样安静了。

老安这一天一声未吭。我很久都没有离开慧子，可是我说不出什么，只抚摸它的脸颊。当我搂着它那长长的颈部的时候，觉得它也在一下一下磨蹭。它的脸贴到了我的脸上，我感觉到了。

我问："那个人欺负你了吧？他到底怎么了？路上遇到了什么？"我问了很多，它没法回答。

慧子无法与我对话，这是令我惋惜的事情之一。我没法弄明白它在想什么，它怎么看待我、我们，怎么看待自己，还有它与其他动物的交往。这一切都搞不明白了。

5

老安有时候不得不离开马棚，他是被一些持枪的人给押走的。他们吆吆喝喝把他拉到一个地方，后背拴着他的手，牵着他走。

老安走的时候总要恋恋不舍地看着他的马，所有的马也都一齐抬起头来目送。

我站在一个角落看着老安。我知道他要被拉到一个会场上，在那儿有很多人威吓他，吆喝半天，甚至有人要揍他几个耳光。我对这些场合绝不陌生,看过很多。我替老安难过。

每一次老安回来,身上都带着伤。他一声不吭,弯下腰去给马添草料,后来又抽烟斗。

有一次他叹息说:"我呀,这辈子都离不开马了。我因为它们才遭这么多罪,可是……还得干这一行。我喜欢它们。就因为它们比人好,比好多人都好。马呀,我离不开马。"

我知道他是什么意思。他在说:就因为他给一个骑兵连喂过马,所以那些背枪的人就一次又一次地折磨他。他们逼他,问他到底是哪一个连?是什么样的队伍?而老安一个字也不识,记忆又不好,所以吞吞吐吐总也讲不清。讲不清,他们就不放过他。这样已经有十几年了。

"再有十几年,"老安说,"也许差不多了。"我知道他的意思是说自己那时就要死了。我问老安:"为什么离不开马?"老安不吭声。我反复问,他才说:

"为什么?那原因太多了,说不清。孩子啊,我这样的人没有多少愿意跟我说话的,除了你,再就是这群马了。"

"我从来也没看到你和马说话,马也不能回答你的话啊。"

老安摇头:"我和它们讲话一般不用嘴,"他举起满是茧花的两只手。我明白了。

他总是一匹匹马抚摸,摸它们的脸、后背、尾巴,摸它们的腿。所有被摸过的马都那么温顺。当他的手挨上它们身体的时候,它们的身体就倾过来,给他的手掌以重量,有时全身打抖,把嘴巴贴在老人的手上磨蹭。

的确是一种对话。老安的脸色与过去不同,眼角的皱纹不停地抖,嘴角也不停地抖,有时候泪珠就滚落下来。这样的情景我看过不止一次。

6

老安告诉我:有一年,大约就是他从部队回来的第二年吧,他除了喂马还要驾车。有一次从南山拉了一车石头,走到半路上,倾盆大雨就落下来。泥汤滚动,车轮的一大半都陷入泥汤。还好,路基是硬的,这样车就陷不进去。驾辕的是一匹枣红大马,前边的是一匹更年轻一点的棕马。

雨越下越大,停下来不是办法,走下去又很危险。这么重的石头,又是下坡路,这马稍微失一下前蹄,车杆往下一冲,也就坏了。他身上淋得精湿,跋涉了一天,疲惫极了。他没法停下来给马喂草料,所以马也很疲惫。正这时,他一不小心栽到了车轮前面。那是脚下的一个泥坑。他的头嗡地一响,知道这下完了,车子很快就会从身上压过。

就在这时,那匹驾辕的枣红马猛嘶一声,那响声啊,压住了电闪雷鸣。接着那马使出全身的力气抵住下滑的车子,四蹄深插泥土,低头一口咬住了老安的后背,猛一下把他甩出来,甩到了路边。

"就这样,这匹大马救了我一命!"

老安说着,紧盯正在低头倾听的慧子,仿佛就是眼前这匹骒马救了他一样。

我走过去抚摸慧子。

老安说:"有什么比马更懂事呢?有什么比马的心更软、更和善呢?"

我回答不出,我只记得马辛苦地劳动,温驯地对待大家,不记得它伤害过任何一种动物。

7

有一次,我问起慧子从海港拉来的那台奇妙的机器,老安不安地搓手:"你知道吗?将来什么都要改成机器,驾车是机器、犁地是机器,一切都是机器。到那个时候马就没有用处了。"

我不信。老安说:"你不明白,忘恩负义的人啊,只要没有用处了,他们也就不会再养它护它。所以说到那时候,这个饲养棚也就不会有了。他们不会白白地喂它们草料。"

我惊讶极了:"那时候就会没有马了?"

老安点点头:"因为人不需要它们了。"

我吸了一口冷气,"天哪,没有马的世界该是多么可怕。这么大、这么漂亮的马,难道它们真要……"我不敢想下去。

老安说:"人什么事情都做得出,马有一天会从这里走开的。那一天到来的时候,如果我活着,我就会给它们解了缰绳,把它们放到山里,放到荒滩上。我也跟它们去,我在那里伺候它们吃喝。反正我要和马在一起。"

老安说着咯噔一声把烟管咬住了,脸背向了黑暗里,好久才重新转过来。点亮的桅灯下,我看到老安满脸发亮。他使劲抹了一下脸,说:"恐怕这也不成,为什么?因为他们还会把我抓回来。他们会把所有的马都杀光。"

我用力摇头,打赌般地喊:"不会的!不会的!"

"你不懂,孩子,人从来都是这样。许久前的那个骑兵连,有一次我们在路上没得吃了,粮都光了,就杀了两匹马。那是两匹老马,它们立了多少功……"

慧子一直垂头倾听。它的眼睛里有一层什么。

我们对这场交谈都有些后悔。我们该离它远一点说话。

我抱住慧子的脖子。老安的手掌在它的脊背那儿抚摸、拍打。

四　金黄色的菊花

1

除了去找老安和慧子,我最渴望的一件事就是呆在老师身边。

我不知道谁曾经拥有过这样的幸福。

多么莽撞。还有些胆怯……一丝一丝往前挪动,心中的那个小兔子扑扑撞人了。有很长一段时间我是屏住了呼吸的,站在那儿一声不吭,也不再怕人。就这样在门前伫立了一会儿,伸手敲门。多么羞怯的敲门声。啊,我听到了她的脚步。门开了,她将我和怀中的鲜花一起拥住。那一刻我相信自己的脸色与那一大束鲜花是同样的颜色,因为我觉得满脸都在灼烫。"老师……"一声呼唤小到了只有自己才能听见,我把脸依偎在她的胸前。那会儿是一秒一秒划过的,每一秒都价抵千金。我害怕自己语无伦次,紧紧咬住牙关。这是人世间最温暖的地方,她身上的芬芳早已掩过了那束鲜花。我急促的呼吸让自己无法隐藏什么,一句话也说不出。我其实是不知道要说什么。我只想永远呆在这儿,哪怕一生一世。

可是我不久还要回到那个小茅屋,回到自己的家。

……

在我的经验里,一个人的童年缺少了父亲会是非常危险的。他这一生可能要遭逢许多意想不到的困厄、一些不可思议的奇遇……不管怎么说,这一切肯定会影响他的一生。

首先是,一个人过早地离开了父亲会有难言的孤单。这孤单来自他人闪闪烁烁的眼神,来自内心的怯懦,也来自想象和思念。好奇心开始折磨他了,让他幻想未知的那一切:一遍又一遍想象那个给了自己生命却又远离了自己的人。就这样,他过早地进入了思考的童年、孤单的童年。他因为思念和幻想而独处,形单影只……

我从懂事的时候起就不记得有个父亲。后来长大了,才固执地想弄明白失去的父亲是怎样一个人。

这可真不容易。因为当时周围的人谁都不愿提起他。

我只知道父亲先是一个英雄,后来又是一个罪犯。他从拘押地放出后才有了我——而这段时间不长,大约是一年之后,就再次被送到南部山区做苦工了。

那是一段更加持久的苦役、更为漫长的分离。

我们家从此只剩下了三口人:我、母亲和外祖母。一开始,关于父亲的事情谁都比我知道得多。在家里尤其不能乱问,因为我从小就发现,所有牵涉父亲的话题都是我们家真正的禁忌。你不能问,你一看她们突然垂下的眼睛就知道了。

我们的居所是丛林中的一座小茅屋。它搭在一个多么偏僻和清寂之地啊。许久之后,特别是在我长大之后,才觉得它多少还算是一个奇迹呢。因为当我知道了它的来历,才明白这是上苍给予我们全家的一个恩惠:在一家人最最困窘和危难之时,即我们被从城里赶出无处可去之时,正是这座荒原茅屋接纳了我们。

动手搭这座茅屋的人如今早就过世了。他是一位老爷爷,独身,年轻时是外祖母家的一个仆人,后来独自到荒滩上来谋生，垦荒种植，草创了这个温暖的小窝。他迎来主人没有几年就故去了，只把小窝留给了我们。这世上有多少出人预料的好人，又有多少不幸的人啊。

关于那位老人的事情，都是一些使人恋旧的往事，说起来会让母亲和外祖母热泪盈眶，于是我们全家索性就很少提到他。

外祖母还告诉我出生以前的一些事，特别是父亲刚刚从监禁地回来的情景：他什么也不知道，当年只一头扑到了那座海滨城市，在大街上转了许久，要找原来的家，找那座大宅；后来才知道它早就被改建了，换了主人，原居者已经落荒而逃，逃进海边莽林里了。他于是就跌跌撞撞找了来……一家人总算团聚了。

只可惜好景不长。两年后他又得离开。谁也说不准父亲第二次苦役会有多长时间。这段日子可真难熬啊。不过日子久了，渐渐都失望了。

我们无时无刻不感激那位给了一家人居所的老爷爷。孤苦的老人哪，当年硬是在一片无边的丛林里垦出了土地，栽种上各种果树，而一座挺好的茅屋就搭在了花园一般的果林中间。

也许是受他的启发，五十年代初国家也开始了垦荒运动，在茫茫海滩上遍植果树。这个运动的结果就是在离我们的茅屋不远处组建了一处很大的园艺场，我们的小果园也给划在了场内，只成了它很小的一部分——在离我们小茅屋几十米远处，园艺场的人盖了一座坚固的泥屋，里面住了管理小果园的人。开始的日子里不过是一两个护园人，他们只在收获季节到泥屋里来过夜。再后来小泥屋才有了真正的定居者，他们是园艺场的一对新婚夫妇。

园艺场无偿地取走了我们的小果园，却没有收留我们一家。妈妈只能到园艺场做临时工。外祖母操持家务，空闲时间就到林子里采蘑菇。显而易见，我更多的时间只能和外祖母在一起。

在那片无边的林子里，我却经历着任何人都不曾遇到的一些奇迹。当外祖母忙得无心照料我的时候，我最好的去处当然是林子的更深处。多少人在林子里迷过路啊，包括那些带狗的猎人；我却不会。哪一棵奇怪的树长在什么地方，上面常常落下什么鸟儿；哪几棵橡树总是分泌糖汁，会引来大个头黄蜂,我心里都一清二楚。

这些日子里尽管要想念父亲,要一个人独处,但这儿会让我暂时把一切都忘掉,让我愉快。因为林子里的一切都与我结成了朋友,野果子、各种小动物、神奇的花、不为人知的小溪,都与我有了特别的默契。它们在春夏秋冬四个季节都善待了我,林子深处从来没有发生外祖母和妈妈所担心的事情。她们什么都怕,怕林子,怕野兽和人,一闲下来就想起了我,到处喊我找我……其实我在林子里非常幸福。

2

父亲从南山水利工地回来的那一年,我刚刚七岁,正是上学的第二年。盼星星盼月亮,就盼来这样一个父亲。我哪里知道,他其实才是真正可怕的,因为他携带着更大的灾难回家了。他除了带给小茅屋无边的恐惧、懊丧、绝望之外,再就是给我的内心留下了可怕的震悚。我得说,他带给我们一家人的简直就是毁灭,或者说不声不响地把我们一家推到了毁灭的边缘……我过去对于他的全部想象和思念都破灭了,我那时的思念显得多么可笑啊。

十几年后我还记得他的归来,记得那一天、那个时刻,记得第一眼看到他的印象:瘦弱、衰老,甚至是丑陋。我当时除了惊愕,还感到了一种难言的耻辱——直到许久许久之后,每当我想到第一眼看到的他那僵僵的眼神、吊在干腿上的半截黑裤,内心里还要为他害臊……当然了,许多年后,随着慢慢长大,随着越来越多的理解,我还是一点点扭转了对父亲的看法。只不过到了那一天,到了自己因为有这样一个父亲而深深地骄傲的时候,一切都已经太晚太晚了。

刚刚回来的父亲并未因为长年累月的苦役、因为无穷无尽的汗水而洗净或稍稍地减轻了一点罪恶,而是相反,他变得更加罪孽深重了。我们全家很快从那些不断到小茅屋里来的审讯者、监视者,从他们的声声呵斥和峻厉的眼神中明白了一切。每逢来了这样的人,外祖母就留下母亲支应他们,然后把我揽到屋内一个角落里。她护住我,我们两人紧紧相依,不吭一声。妈妈一会儿也回到了另一间屋里,在那儿听着隔壁的质问和大声怒斥。待上一会儿,她才回到我们这儿。我们三个人大气也不敢出。

那些长长的冬夜,北风吹响了林梢,好像涨上来的海水随时都要覆盖过来。我偎在外祖母身边,听着父亲在隔壁一声连一声咳嗽,母亲压低的说话……不一定什么时候,来自园艺场或附近林子里的民兵就要闯进门来,把父亲拉走。那时砰砰的敲门声啊。

民兵,这是我小时候最害怕的两个字。

我们茅屋四周有了掮枪的人,他们是被指派来监视父亲的。小茅屋里的所有人都在他们的盯视之下。我们不得不小心翼翼地做事,连走路都轻轻的,说话时声音也要压得低低的。

父亲平时要被喊到离我们家五六华里远的一个小村去做活。因为他没有资格在园艺场做工,做临时工也不行。

可以想象,父亲如果早一年回来,我上学的事一定会化为泡影。妈妈当时为了让我上学费了多少心思。因为人总要上学啊。可是除了园艺场子弟小学之外，离这儿最近的学校也有二十华里。妈妈一次次央求子弟小学，好说歹说才算得到了应允。孩子上学了，这是我们家在当年唯一一件值得庆幸和纪念的事情。

上学前，妈妈和外祖母一遍遍叮嘱我：千万要听话啊——听各种人的话，老师的，同学的，反正千万别惹了任何人。她们说求得这样一个机会多么不易，稍有闪失，也许这辈子就再也别想上学了……还有，我在外面千万不能提到父亲。

就这样，我战战兢兢背上了书包，难言的兴奋和紧张，还有胆怯，使心跳一个劲儿顶撞我的胸脯。难忘那个春天的早晨，当我翻过小果园后面的漫坡沙岭，斜穿过一片灌木林，进入更大的一片果园时，一眼就看到了一片红砖房子。

那儿有冬青树墙，有垂柳，有水泥抹成的乒乓球台和草地。操场很大，边上是几棵可爱的法桐树。一排排穿得花花绿绿的学生正从红砖房子的间隙走出来，唱着歌。我像看着神话中才有的这一切，激动得一声不吭。

3

从第一天开始,可能因为我太沉默了吧,学校里的人,大概是所有的人,都用一种奇怪的眼神看我。我每时每刻都是拘谨的,不过我总在想法去遮掩它。我试图对同学和老师微笑,或者至少对他们说上一点什么才好,但试了试,很难。

我更多地记住了妈妈和外祖母的叮咛,小心谨慎地对待一切。可这样久了,又渐渐觉得自己像个木偶,总是随着别人机械地移动,挺可笑的。

只有从学校里出来,一个人踏上那条灌木丛中的小路时,我才重新变成了自己。我又恢复了一个人在林子里的欢快心情。我又叫又跳,大声呼喊那只飞在头顶的云雀。登上沙岭之后,一眼又可以看到那片小果园、园子当心那幢棕黄色的茅屋了——我立刻变得像它一样沉默了,收声敛口。我坐下来,然后像只小小的田鼠那样,悄无声息地从沙岭上滑溜下来。

值得庆幸的是,我坚信在半年多的时间里,没有一个同学和老师知道我们家的详细情况——我们的茅屋、父亲……但我想校长可能知道，因为他的镜片后面总有一双好奇的、诡秘的眼睛看着我。我像躲避灾难一样回避他。

日子一天天过去，我终于有了几个谈得来的同学，他们已经把我看成朋友。其中有几个甚至提出跟我到家里来玩，他们都知道我们家不在场内宿舍区，而是在一片林子的深处——那该是多么有趣啊！每当他们嚷着要来的时候，我都非常害怕。我用各种借口阻挡他们，搪塞着，好不容易才捱过了半年。

但那可怕的一天、那个时刻终于还是来了。大约是星期一的早晨，我一进门就觉得有什么不对劲儿。在上课铃敲响之前，教室一角的几个人一直叽叽喳喳的，他们一边议论一边往我这边看。我的心扑扑跳，只装低头看书，两只耳朵却在捕捉他们的声音。我听到了"黑子"——全班个子最高、最让人惧怕的一个，他的父亲是场部的民兵头儿——正在高声喊叫什么。天哪，他在喊我父亲的名字！

我觉得全身的血液轰一下冲上额头，接下去好长时间什么也听不见了。

他们还是喊、哄笑。我仍然低头看书。但我永远不会忘记全班同学的目光一齐投在身上的疼。那些目光加起来重若千斤。

"你们可得离他远点儿,小心沾上毒!"

"黑子"一喊,我的同桌真的把身子往边上闪了闪。教室内静得很。

只是一会儿工夫,又是一片嗡嗡声。这乱哄哄的声音直到上课开始、老师走上讲台才渐渐平息……

那一天是厄运的开端。从此学校对我而言就像个樊笼和地狱。"黑子"喊出的事儿像病菌一样无休止地蔓延开来。我明白许多人都知道了我们家的事情,特别是父亲的奥秘。我知道所有上课的老师也都把一切搞得清清楚楚了。因为他们上课时偶尔要扫过来一眼,那目光里混合了各种各样的意味:厌恶、好奇,还有一点点怜悯……

但我没有把这些告诉家里人。

只要有一点时间我就要一个人奔向林子。那儿只有我一个人。四野寂静,鸟雀从叶隙里看我一眼,又缩回了身子。我倚靠在一棵野椿树上,真想一直呆在它的身边。这儿让人如此依恋……正南方那片黛蓝色的山影啊,上面飘着一朵朵白云。我知道,就是在那儿囚禁着我可恨又可怜的父亲。

在家里,首先是外祖母看出了什么,她长时间注视着我,有时手里端着一瓢水就怔住了。"你怎么了?你怎么一整天里也不说话啊?"我"嗯"一声躲开了她。

半夜了我还睡不着,一直在床上翻动着身子。妈妈过来了,点上了灯。我紧闭眼睛,不再活动。妈妈熄了灯。我一动也不敢动了。可是直到黎明,我仍然没有睡着。我数着窗外的星星,不知不觉吐出了"爸爸"两个字。外祖母的手梳理着我的头发。我忍不住了,伏在她的胸前。她用力搂住我。

"我再也不到学校去了……"

外祖母没有问什么,没有说一句话。

早晨,妈妈帮我穿好了衣服。吃过早饭后,她从一旁取了书包,轻轻把背带放在我的肩上……

4

说不清是从什么时候,我发现了一个奥秘:在这所校园里,还有一个人像我一样孤单。我留意过,她甚至像我一样,也暗暗压着一个可怕的心事。

她就是我们的音乐老师。听人说她来这所学校已经一年多了,总是无声无息的。她与所有老师都不一样,在我看来她是多么沉默又是多么美丽。我觉得她在用温柔的眼睛抚慰着每一个同学,特别当这目光投向我的时候,那是深深的慈爱和护佑。

她没有与我说一句话,可在这所校园里,我渐渐把她当成了唯一的安慰和欣悦。

她的目光中竟然没有歧视,也没有怜悯,而仅仅是一份温煦,一种滚烫烫的东西。她真的与所有人都不同。我不知道她来自哪里,为什么会有这样的目光;我感到特别惊异的,还有她的美丽……

我一个人走在灌木丛中的小路上时,常常想着她。这可以使我遗忘许多可怕的东西。在夜间,在妈妈身边,我因为想着她,因为莫名的感激,常常要一次次紧紧依偎着。这在过去是不可能的,因为我从很小的时候就知道：一个人，特别是一个男人，动不动就像孩子一样是令人生厌的。我甚至准备一辈子都不哭。可是，也许因为忍得太久了，这泪水一流起来竟然难以抑止。我很想告诉妈妈一点什么，但最后总是一声不吭。

当时学校里除了上课，还要组织同学到园子里做活，给果树施肥、间果之类。这是令人愉快的时刻，因为一到了果树下就被密密的枝叶罩住，谁也看不见谁。

离学校十几里外有一处小煤矿，那儿有一座矸石山，每到了秋末全班就要去山上拣煤，以供冬天取暖用。因为雨水可以把泥中的煤块冲洗出来，所以越是下雨就越要爬到山上去劳动。大家都穿了雨衣，可是"黑子"几个故意不穿，故意溅上满身满脸的黑泥，在雨中像恶鬼一样吆吆喝喝。我好不容易才拣到的煤块，一转眼就被他们偷走了。有一次我盯住了他们当中的一个，刚要说什么，"黑子"立刻走过来。他狞笑着看我一会儿，然后喊了一句父亲的名字。雨水像鞭子一样抽打我的脸。我用力吐出了流进口中的雨水，攥紧了拳头。"黑子"跳到一边,接着猛地往前一拱。我给撞倒在斜坡上。坡很陡,我全力攀住一块石头。这时几个人一齐踢旁边盛煤的篮子、踢我的手。我和辛辛苦苦拣到的煤块一起,顺着陡坡一直滚落下去。

这一天我的头上、手上、全身上下,有好几处被尖尖的石棱割破撞伤,雨衣撕得稀烂。我满脸满身除了黑泥就是渗出的血,雨水又把血水涂开来……有几个同学吓坏了,他们一嚷,几个老师也跑过来。

班主任是个三十多岁的男子,他只听"黑子"几个说话,然后转脸向我怒吼起来。

我什么也听不清。雨水抽打着我的脸。

后来,在我发木的时候,有一只手扶住了我。我转脸一看,是音乐老师!她无声无响地把我揽到一边,蹲下来,用手绢擦去了我的血迹,牵着我走开……

她领我离开矸石山,头也不回,直接去了场部医务室。

从矸石山走开的这一路,她一句话也没有说。我的伤口被药水洗过,又包扎了一下。场医与她说了什么，我都没有听清。离收工还有一段时间，她就领我去了自己的宿舍。

宿舍在第二排砖房的西边第四门。我今生还是第一次来老师的住处：天啊，这是如此整洁的一间小屋，我大概再也看不到比这更干净的屋子了。一张小床、一个书架，还有一个不大的办公桌——我特别注意到桌旁有一架风琴。床上的被子叠得整齐极了，上面用白色的布罩罩住。屋里有阵阵香味儿：啊，水瓶中插了多么大的一束鲜花……

她要把我衣服上的泥浆洗掉。因为要换衣服，我要在一道布帘后边呆一会儿；还因为要烘干衣服，我只得在屋里等下去。天黑了，她打来饭，让我与她一起吃。这是我一生中所能记起的最好的一餐饭。那会儿，我的目光常常落在那一大束花上……因为我想起我们家东篱下就有一丛金黄色的菊花。

第二天上学，我折下最大最好的几枝，小心地藏在书包里。

我比平时更早地来到了学校。敲开了这一扇门。啊，我发现她一看到那一大束菊花，眼睛里立刻有什么欢快地跳动了一下。她在接过花的时候，我相信最幸福的不是她,而是我。我那时简直不敢看她的眼睛。

我渐渐注意到,老师像我一样,平常也是一个人来来去去。她那间一尘不染的小屋永远只属于她一个人。我像被一根无形的线牵住一样,总要往她的身边移动。有一天傍晚我去了她的小屋,不知不觉就呆得久了。她找出一些画册给我看,后来又打开了自己的相册。我于是看到了一些漂亮到不能再漂亮的照片。

相册里有一对中年夫妇,他们的样子很严肃,她告诉那是父亲母亲十年前的照片。我还在相册的一个角落里找到了一位军人,年轻英俊,但不知为什么我不太喜欢这个人——正在我仔细端量这张照片时,她就把相册取走了。那个人是谁?我觉得她的目光一看到那个人就立刻有点异样。大概就是这目光阻止了我的询问。

天黑了,我想一直呆在她的身边,她后来终于一遍又一遍催促我回去,回小茅屋去。

"你们一家住在小果园里,平时很少有人和你一起玩是吧?"我点点头。可是我心里却在努力纠正：不，再也没有人比我玩得更好了——那么多朋友与我在一起，它们是大李子树和山楂树，是各种各样的鸟儿；林子里有多少快活的小动物啊——有一天我会讲很多林子里的故事给你听的……不过我们的确没有邻居，也很少看见一群一群的人。我最好的朋友叫老安，还有他的大马慧子。林子里偶尔进来一两个采药的、采蘑菇的、打猎的，他们只一会儿就离去了。大部分时间里我身边只有外祖母和妈妈。

想爸爸吗？你可从来没有谈过他。

我只说妈妈要到园艺场做活儿，外祖母要忙自己的事情，忙着晒干菜，采蘑菇，缝补衣服，忙着摆弄她的洗衣盆呢。

你在家里也常常这样默不作声吗？

我说我一个人在林子里，跟什么都能说话。我跟一棵酸模一个浆果都能说话呀。

我身上有些燥热，因为我一直在心里喃喃地叫着：老师，别问了，别问我们家里的事情了。她抚摸我的头发，我越发不忍离去。可是天实在太黑了，我没让她再次催促就离开了。

接上我就像有了一个新的功课似的：把带着露珠的鲜花折下来，每周一次，尽量让每一枝都带上两三片绿叶。我用纸壳做了一个圆筒护住它们，这样装到书包里就不会弄坏。如果上课前没有找到老师，就得藏好，然后盼着下课。我惶惶不安的眸子啊，四处寻找……我看到她急匆匆往办公室走去了。她如果在课间休息时回到宿舍就好了，那时我会把花儿交给她。我倚在门框上，咬着嘴唇等待。第一节课下了，她仍没有返回，我只好等第二节课了。课间操时她终于回到宿舍了，可我又要被喊去做操——多倒霉的一天哪。

直到傍晚同学们都走了，我才取出那个硬纸筒，敲响她宿舍的门。门开了——令人惊讶的是，这一次屋里除了她之外还有一个小姑娘。小姑娘坐在她身边，我差不多没有顾得上好好看一眼。老师赶紧招呼我坐下，又让我和那个小姑娘认识一下。其实我从第一眼就认出了她，谁不认得她呀。不过我们从来没有讲过话。她的一口小牙齿雪白雪白，头发有点黄。那一对眼睛十分好看，好看到让人讨厌——那完全是画书上那种小鹿的眼睛！我又呆了一会儿，觉得已经没有耐心等到这个小女孩走开了,只好把那一束花取出来。"啊,多好的菊花啊,啊!"小姑娘叫了起来。

这之前,我送老师鲜花的事一直是一个秘密,而今这一切却在这个小姑娘的注视下完结了。小姑娘会怎样想呢?

小姑娘是园艺场老场长的外甥女,一个人所周知的宝贝疙瘩,大概早就被人宠坏了。这时她就坐在椅子上看着我。当那对鹿眼从我脸上划过那一瞬我能感觉到——不过我装作毫无察觉,只跟老师讲话,心里却盼她快些走开。可是老场长的小宝贝疙瘩一声不吭坐在那儿。奇怪的是她后来一声不吭了。

太阳落下,屋里开始变得昏暗。老场长的小宝贝疙瘩终于像蚊子似的哼一声,告别了。我心里多么快乐,连老师说了什么我都没有听清。

剩下的时间里我也像那个刚刚离去的小宝贝疙瘩一样,也一声不吭。

这天夜里我照例偎在母亲怀里。她见我不停地翻动身子,就叹起气来。

"你今夜是怎么了?"

"我太热了。"

母亲把被子掀开一点。我每夜睡着了都要枕一会儿母亲的胳膊,当我睡去的时候,这胳膊才轻轻抽出。我这天夜里说了梦话,"你一睡去就咕咕哝哝",母亲说。

"我讲了什么?"

"你叫了些奇怪的名字,我以为是人哪,后来才听明白:它们都是些小獾哪,鸟啊,狐狸啊。"母亲叹了一口气:"我们一家人住在林子里,太孤单了,你连个耍伴儿也没有,连做梦都是一些野物跟你玩。"

我又睡着了,可是我相信梦中喃喃自语的一切都与一个人有关。我总想呆在老师的身边。我在梦中对她不停地诉说林子的故事,于是这梦没有尽头。

有一天上课间隙,我正要寻机会从书包里掏出那一束珍藏,突然有一只手在我的背上拍了一下。

我一回头,见是大黑个子,心上立刻一抖,躲闪开他。"喂,你包里有什么东西呀?老要遮遮盖盖?"

"是吃的东西……"

"给我吃不行吗?"

"不行……"

"它是什么?"

"……"

"你这个痨病鬼。"他在我脑门那儿戳了一下。

我的拳头攥起又放下。我知道自己长得很瘦,脸色很黄。我像有病的样子吗?

就在他和我纠缠的这会儿,有个同学在一边不知怎么说起了父亲如何如何,于是有人就吵吵嚷嚷地问起了"父亲",问得我后脊那儿阵阵发凉。有人吆喝着:

"说说你爸爸!"

大黑个子说:"他没有爸爸。"

我再也忍不住:"我有爸爸。"

"他干什么?他在哪呀?"

还没容我回答,他就说出了一个侮辱的字眼:穿山甲。"在大山里开洞子不是'穿山甲'吗?""哈哈哈……"我紧紧咬住牙关。我终于没有让泪水涌出来,只在心里小声呼唤:"爸爸,爸爸……"我不知是想骂那个远离了我的人,还是想扑到他的怀里。

反正从那一刻同学们嚷了些什么我都没有听见。我的两耳嗡嗡响。我在一片混乱当中捂着书包跑开了。

我一直跑出校门,跑到了那条小路上。荆棘划破了我的脚,我跑得大汗淋漓。

5

在后来的日子里,我开始逃学。外祖母总是责备我,我不让她告诉母亲。"你不要告诉妈妈。""你再一个人跑那么远,我就告诉。"我向她保证再也不跑了。我答应只呆在园子里,但后来忍不住还是要溜到那些灌木丛中——那里面有什么?有童年的秘密,有野花和浆果,还有那些在草叶上蹦跳的甲虫,它们身上白色的、红色的斑点都让我着迷。灌木丛中偶尔还会有人走过,他们的奇怪装束、警觉的眼神,都让我觉得有趣……

"你又到哪去了?"外祖母每见我出现在大李子树下,就这样问。

"没到哪去。"

"我喊你听见了吗?"

"我在树上睡着了。"

"可不能在树上睡觉。"

"我看见乌鸦在树上睡觉,还有麻雀、猫。"

我这样回答,一边盯着外祖母的满头银发——她头上有个地方凹下一点,多么奇怪啊,我真想伸手去抚摸一下。

"你这个淘气孩子,睡着了会从树上跌下来……"

我想告诉外祖母真的在树上睡过,也真的跌下来过,不过跌在一片绵软的沙土上,没事——但我怕她把我的事告诉妈妈,就闭了嘴巴……

一只黑灰色的啄木鸟跳了起来,接着有一只身体像小黄雀那么大、翅膀飞快扑动的鸟儿定在刺槐上。花斑啄木鸟叫一声飞走了。我看到了远处树隙里的乌鸦、一只蓝点颏,它们都在忙忙碌碌。灌木丛里还有花脊背白脑袋的小鸟,它的名字我不知道。有什么在惊慌蹿跳——不久两只雀鹰出现了。它们无望地看着四散飞去的鸟雀,又重新注视野草丛生的沙土。沙土上有沙鼠,有冒险出穴的鼹鼠。茂密的柳林后边是成片的柞树、小叶杨和紫穗槐灌木,它们当中是旺盛的野韭菜和刺蓬菜。一蓬黄紫槿长得多高，开满了小黄花。花旗杆伸出可爱的粉红色花朵，它的茎和叶都长着细细的绒毛，上面还有一只蝉蜕。白茅根的间隙里开了星星点点的花朵，它们看上去像星星一样闪亮：蓝的，粉的，红的，甚至是乌紫的……

逃学之前，在那些屈指可数的幸福日子里，我愿一直在老师的屋子里呆下去……

可是外祖母和妈妈那会儿正在家里等我呢，等一个久久不愿回家的孩子。

好不容易才离开了她。我一踏上灌木丛中的小路，就大口地呼吸浆果和野花的气味。我学着蝉鸣，学着蛙鼓。我在高声呼喊，挥舞着拳头。后来我跑起来。跑啊跑啊，老远就闻到了我们那片小果园的气息。我钻进果园，一口气攀上了那棵大李子树。

我透过李子树密密的枝桠去看我们的小茅屋，希望能看到外祖母或妈妈正好从茅屋里走出来。我想让她们看到我时大吃一惊。可是她们都一直呆在屋里，大概刚刚吃过饭，我听到了碗筷碰撞的声音。

我若有所失地顺着大李子树滑溜下来……

这天半夜我又失眠了。折腾了这么久，怎么也睡不着，把外祖母都惊醒了。她安慰着我，抚摸我的头发。我不愿让妈妈听见——她在另一间屋里，大概还没有睡，因为我听到了搬弄东西的声音。后来这声音没有了。

"我爸爸这会儿在哪？"

"睡吧孩子，别再问了。"

"我一定要知道。"

外祖母一声不吭。夜色里我看不见她的脸。我贴紧在外祖母身上，静静地呼吸。我知道她这时正在想父亲的事情。

我没有再问，可是她看着黑漆漆的窗户，一声一声说起了父亲。

她说如今他正在南边开山，日夜不停地劳作。我的眼前出现了这样一个形象：一个男人一声不吭，锤子在脸前挥舞，一手扶着钢钎……我真害怕那个锤子砸到他的手上，希望他能及时躲闪——可这锤子还是落到了他的手上。十根手指被打得血肉模糊，血水一下把石头染红了……

我叫着爸爸，一次又一次从梦中醒来。

整整一个白天我都躲在灌木丛中,想着父亲。父亲——人干吗还要有一个父亲呢?如果没有他,那么一切也就全都不一样了。我想妈妈和外祖母不声不吭地做活,还有我在这林子里跑来跑去,大概都是因为有了一个父亲的缘故。这一天我爬上一棵最高的树,望着南边的山影。我知道那里面就藏着父亲——一个黝黑瘦削的奇怪男人。他不认识我,我也不认识他。我不记得有谁像他这样可怕:一天,十天,一年,只是抡着锤子,一声不吭。

"你怎么这么多天没到学校里来?到底怎么了?"音乐老师有些惊讶地看着我。

我不吭声。

"到底为什么?"

我仍然没有回答。

"以后按时上学好吗?"

我点点头。

可是几天之后,当我再一次迎着那个大黑个子侮辱的叫声低下头时,心都碎了。我跑出了教室。从那以后我就决心一个人在灌木丛中游荡。我爬到树上,看着松鼠怎样在那儿若无其事地蹿跳——我还看到各种各样的小野物在我眼前蹿来蹿去,它们竟然没有发现我。我把书包挂到树杈上……

而这些日子里,妈妈以为我上学去了。

其实我一直在林子里,甚至有了一个猎人朋友。那一天我看到了他,就走过去——在这片丛林里终于有一个人愿意与我结伴玩耍了。我跟着他一直走了很远。他打了一只野兔,一只野鸡。老猎人打着裹脚,不停地吸烟。他坐下来时就讲一些奇奇怪怪的故事。

那些有趣的故事让我深深地入迷;有一个"蜘蛛精"的故事让我心惊肉跳,直到后来很久很久想起来头发梢还要发炸……他言之凿凿,说这个故事就是发生在眼前的这片林子里。这不由得我不信,可是它吓得我不敢单独呆在林子里了。

他说有一天,有一个孩子——就像我一般大,没事了就在松树间跑跑跳跳。他跑过树隙的时候,因为有一些蜘蛛网老要抹在脸上,就揪下一根树条胡乱抽打那些蜘蛛网,这样还嫌不解气,见网上爬着一些小蜘蛛,就把小蜘蛛都踩死了。他一边打一边往前走,后来突然觉得身后凉飕飕的,回头一看,天哪，一个圆圆的皱巴巴的怪东西在地上滚着，那是追他来了。他吓得脸都白了，觉得头也大了。孩子没命地跑啊蹿啊，心里再明白不过，要让这个圆圆的东西沾上边儿，那就算没命了。

孩子跑得慌急，就差没把一颗心狂跳出来。这样一口气跑到家里——要知道他的家离林子不远，就是树林边上的那间小草房。孩子一头扑进去，他妈妈一看就知道出大事了，焦急中一把攥住孩子藏到了水缸里，合上盖子。

妈妈刚把孩子藏好，就有一个老太婆来到了门口。那个老太婆阴着脸，脸上的皱纹像麻线勒得那么深，站在门口往屋内瞥几眼，最后盯住水缸，张口就说讨水喝。孩子妈急了，心想这可不得了，水缸盖子一揭那还不坏事了。她心里比谁都明白，门口站的这个老太婆可不是个好惹的主儿。她见了老太婆的第一眼身上就冷得打抖。她说：好心的大婶啊，实在对不住您了，您就凑付一下吧，俺家里实在没有一口水了……

老太婆咬着牙说：那就给我一块饼吃吧，我饿了。孩子妈没话可说，就拿了一块饼递给她。谁知老太婆一抓到饼,几步就蹿到水缸前,一屁股坐在上面,咔嚓咔嚓吃起了饼。她咬一口饼脸上的深皱就使劲动一下,下巴一抖。一块饼吃完了,老太太拍拍手站起来,话也没说一句,跨出门去就不见了。孩子妈心里挂记着孩子,立刻去揭缸盖儿,谁知她一掀盖子就大喊了一声昏在了地上。

原来那口瓷缸里再也没有孩子了,只剩下了半缸血水。

那个老太婆不是别的东西,原来她是一个老蜘蛛精闪化的,来给那些小蜘蛛——她的儿孙们报仇来了……

这个故事听得我毛骨悚然。

那一天直到很晚我才回家,可是当我跨进茅屋的时候一下子呆愣了——女教师正在家里等我……全家人一齐抬起眼睛盯我,那目光里有深深的惊讶。我两手不由得按住了书包。母亲把书包扯过去,急急翻找——那无非是几本课本——不,书包里还有一个圆圆的硬纸筒……母亲把它取出来:硬纸筒里是焦干焦干的一束野花。

老师的眼睛停留在干花上。

"这么久你到哪去了？"

母亲绝望地看着我，让我回答。

"我去看父亲……"

"胡说……"妈妈肩头抖了一下。

我知道自己犯了一个不可饶恕的罪过……外祖母赶紧把我搂到怀里。我在她怀里颤抖。

老师用目光安慰了我，说："慢慢讲，不要紧，慢慢讲。"

"……我跟一位老猎人在一起。我们一块儿在林子里。"

"每天都在一起吗？"妈妈大睁着眼睛。

我点点头。

妈妈绝望地叹气。她让我当着老师的面做出保证：以后每天都到学校里去。我点点头。可是我的一颗心偏偏执拗：我再也不到学校里去了，再也不去了。

老师离开时，全家一起送出来。半路上她让妈妈和外祖母回去，只说要与我单独走一段路。她扯着我的手，沿着灌木丛中这条小路向前走去。我们并没有直接走向学校,而是走了很远,穿过丛林走到了河边。我们都听到了咕咕的野物叫唤声;蒲苇里有扑通扑通的声音,那是大鱼在跳水。多么洁白的河沙,我们坐下来。我在她的身边,白天那个故事带来的恐怖一下飞得无影无踪。她抚摸我的头发,一下一下抚摸。后来这只手停下了:

"你有什么事情瞒着我。"

我咬着嘴唇。后来我告诉她:

"他们骂父亲,骂他是'穿山甲'……"

她扳住我的肩头。停了一会儿她说:"到学校里来吧,家里人多伤心。"

我答应了她。

几天以后我重新迈进校门,发现大黑个子他们再也不用那种目光注视我了。我知道这是因为她的缘故——她肯定费尽全力才阻止了他们。

6

学校放假了,所有外地老师都回家了,她却没有走。后来我才知道她原来没有父母,也没有家庭。

我想邀请她到我们家来,可是母亲叮嘱说:别人是不能经常到我们家来的,因为这样有人就会怪罪他们。

"为什么?"

外祖母盯了我一眼……

我当然知道这是因为父亲的缘故。好像我们的小茅屋有一种毒菌似的。其实我早就明白了那些陌生的、挑剔的、警觉的目光在我身上扫来扫去的原因了。只有一对眼睛是那样温暖,我因此也将永远记住这双眼睛——我那时想,就为了这双眼睛,我一生都不会去做让人失望的事情……

我在这个假期里一次次去她那儿。她的小屋里有我全部的幸福和温暖。有一天很晚了,分手时她突然告诉我:这些夜晚,有一个野兽一直在她的宿舍四周游荡。

"什么野兽?"我问这句话时马上想到了猎人朋友,我想在必要时会去求他的。

"你不认识,你见了也不认识。"

我说了自己的朋友。可她再也不谈那只野兽了。天已经很晚了,我要离开时,她突然扯住了我:

"你能在这里过夜吗?"

我也不知道。我说要回去告诉外祖母……

"那你快去吧。"

她送了我一程,然后就在小路那儿等我。

我飞跑回去,又飞跑过来。黑影里她一个人站着,我挨上了她的身体时喘息得那么厉害。我们手扯手向她宿舍里走来。当离宿舍还有几十米远的时候,我真的看到一个黑影在门口一闪而过。

"谁?"

我喊了一声,她赶紧捂住我的嘴巴。

我们小心地开了门。我们没有点灯。我凑在她耳旁问:"那个黑影是谁?"

"是一只野兽。"

"不,那是人的影子……"

她摇摇头。我不再做声。

半夜里醒来,我总是倾听窗外的声音。我觉得有什么在蹑手蹑脚地走动。这时候我又想起了那个蜘蛛精的故事,仿佛看到一个阴沉沉的老太婆,她脸上有麻线勒起似的皱纹——她要设法走进来。我紧紧蜷在她的身边。

天亮了,她像我一样,一夜少眠。她的眼睛有点儿浮肿,可能她偷偷哭过。

从那一天之后,我再也不愿在她面前提起那个黑影的事。我只把它藏在心底。

有一天我忍不住把老师门前黑影的事告诉了妈妈,妈妈说那可能是一些背枪的人——他们就在园艺场里蹿来蹿去,有时候我们茅屋四周也有这样的人;"有时他们就藏在树下。"

"为什么?"

"他们是专门在夜间活动的人,他们要监视茅屋,监视我们……"

我明白了,那些在夜里活动的人也开始盯视她了。是因为她与我们一家来往吗?是有人以此为借口欺负她吗?不过究竟为什么我还想不明白。从那儿以后妈妈就让我去与她做伴了。我因这样的幸福而忘记了一切。

有一次我从学校往回走,刚走到半路,突然听到有人在灌木丛中大声喊了一句:"穿山甲!"

我像被石块击中了一样。难忍的痛楚使我蹲下来。我蹲了一会儿,一直等待这沉沉的痛楚过去才站起来。喊声响彻在林子深处,直到消失……大雨瓢泼一般降下,我不顾一切往家里跑去。

我病倒了,再也不能到她的屋子里去了。我病得厉害。外祖母到林子里采来草药,熬了让我喝下去。我觉得浑身一点力气也没有。妈妈说我脸色蜡黄。大约假期的后半截我都是在病中度过的。当我的病稍稍好了一点时,第一件事就是要去找老师。可是我刚刚活动了一下,立刻就晕倒了。妈妈和外祖母总有一人不离我的左右。那些日子我常常在树隙里晒太阳,在草垛边上坐一会儿,望着天上飞来飞去的鸟雀、在空中凝住的老鹰。我知道老鹰一动不动的时候就是瞅准了食物。外祖母说当老鹰在你头顶停住时,你一定要躲起来。我想再大的鸟也是怕人的,并不躲闪。外祖母说附近村子里有个小媳妇让孩子自己在门口玩,后来听见外面有扑动翅膀的声音,出去一看,那个老鹰已经叼起她的孩子往林子里飞去了。这个故事使我有点害怕——有一次它似乎就要落下来,不过没有迎着我,而是向离草垛几十米远的一只鸡扑过去了。它像石块一样落地,还没等我反应过来,它就抓着这只鸡甩动着升到了空中。

我是那么思念老师。当我终于可以离开家门的时候,马上急急地赶到学校——没有找到她;一连几天都去,结果都是一样。我想到她肯定是等不来我,到别的地方度假去了。

我有些焦躁地等待,等得无比痛苦。

终于迎来了开学。我采了一捧多么鲜艳的花,它们还带着露珠呢。我把它们小心地放到硬纸筒里。

这一天我去得多早,我只想在上课前见到她。

笃笃敲门,没有回应。天哪,我发现门上挂了一把大锁。

从旁边过来一个中年男子。

"我的老师呢?"

男子皱皱眉头,冷笑藏在嘴角那儿:"她不在。"

"到哪去了?"

"反正你是找不到她了。"

他说完哼了一声,走开了。

我在门口呆了一会儿,返身就跑了起来。可我没有直接跑回家里,因为脑海里一片空白,视界里一片茫茫。我不知跑向了何方。我一直盯着天地交接的那道线,心怦怦跳着。

我在灌木丛中的小路上徘徊着,像是无家可归。

这一天我在林子里度过了很长时间。我躺在那儿,困了就睡过去;醒来第一件事是感到口渴。我在沙子上扒开一个深坑,看着水艰难地渗出……剩下的时间我在林子里走来走去,两眼焦干。

书包里的花已经蔫了。我把它们取出又放回。那个猎人又出现了,他呼喊了我一声,我动也没动。他向我走来,我就向着另一个方向走去。我只想一人独处。

有很长时间,妈妈和外祖母都不知道我怀抱一捧鲜花上学的事儿……除了折自己家的菊花,当我穿过那条灌木丛生的小路时,发现一些好看的野花也要折下。因为我知道,我的老师最喜欢的就是这一大蓬颤颤的、香气四溢的鲜花。它们会让我忘记一切。

比起我无尽的感激,这只是一点微薄的礼物。我一无所有,我唯一能够给她的,就是这一束鲜花了。

春天之后是夏天和秋天,这三个季节都有可爱的鲜花；而冬天，对我来说真是太漫长了。

我会永远记得春天又一次来临时的狂喜——满岭，不，整整一片旷野上都开遍了鲜花。这简直不是别人的事情，不是一个什么秘而不宣的隐藏，而是无边的大地在与我一起欢呼。这隐秘眼看就要藏不住了，因为它写在了无边无际的野地上。我的采摘啊，我的不倦的采摘啊……那些日子里我总是在老师的屋里呆到很晚，总是听她读书、弹那架风琴。

她到底在哪？我回忆着最后一次分手：那天夜里她像过去一样送我出门，可是她一直伴着我向前，一直把我送到荒滩小路上。一路上她都沉默不语，像有一个沉沉的心事。她的手一下下抚摸我的头发，我靠在了她的胸前。当她吻我的额头时，我的脸庞滚烫滚烫，就像赤铁……

我不相信她会从此消失。又是一个星期天的早晨，我把一束带着露滴的菊花小心地用纸遮好，往校园走去。

一进门我就发觉校园空荡荡的，没有一个人。

她的屋门上还是那把大锁。我一直站在那儿。

后来我不得不失望地归去。

第二天那把锁还在……这样许多天过去,竟然一切照旧。

我的心慌跳不止。可我不知道发生了什么,但又不敢询问别人。那束花蔫在了书包里。老师啊,你即便回家,即便离开,也该告诉我一声啊。到底怎么了?发生了什么?

她再也没有出现。

那束花化为了粉屑。

五 绿色遥思

我再也没有见到自己的老师。二十年之后,我走进了漫漫写作生涯……

我觉得写作者天生就是一些与大自然保持紧密联系的人,从小到大,一直如此。他们比起其他人来,自由而质朴,敏感得很。这一切我想都是从大自然中汲取和培植而来。所以他能保住一腔柔情和自由的情怀。我读他们写海洋和高原、写城市和战争的作品,都明显地触摸到了那些东西。那是一种常常存在的力量,富有弹性,以柔克刚,无坚不摧。这种力量有时还真分不清是纤细的还是粗犷的,可以用来做什么更好。我发现一个作者一旦割断了与大自然的这种联结,他也就算完了,想什么办法去补救都没有用。当然有的从事创作的人并且是很有名的人不讲究这个,我总觉得他本质上还不是一个诗人。

我反对很狭窄地去理解"大自然"这个概念。但当你的感觉与之接通的时刻,首先出现在心扉的总会是广阔的原野丛林、是未加雕饰的群山、是海洋及海岸上一望无际的灌木和野花。绿色永久地安慰着我们，我们也模模糊糊地知道：哪里树木葱茏，哪里就更有希望、就有幸福。连一些动物也汇集到那里，在其间藏身和繁衍。任何动物都不能脱离一种自然背景而独立存在，它们与大自然深深地交融铸合。也许是一种不自信、感到自己身单力薄或是什么别的，我那么珍惜关于这一切的经历和感觉，并且一生都愿意加强它寻找它。回想那夏季夜晚的篝火、与温驯的黄狗在一起迎接露水的情景，还有深夜的谛听、到高高的白杨树上打危险的瞌睡，等等；这一切才和艺术的发条连在一起，并且从那时开始拧紧拧紧，使我有动力做出关于日月星辰的运动即时间的表述。宇宙间多么渺小的一颗微粒，它在迫不得已地游浮，但总还是感受到了万物有寿，感受到了称作"时光"的东西。

我总是忆想自己的林子。一片杂生果林，连着无边的荒野，荒野再连着无边的海……当我沉浸在这些往事里，当我试图以此来维持一份精神生活的同时，我常常感到与窗外大街上新兴的生活反差太大。如今各种欲望都涨满起来，本来就少得可怜的一点斯文被野性一扫而光。普通人被诱惑，但他们无能为力，像过去一样善良无欺，只是增添了三分焦虑。我看到他们就不想停留，不想呆在人群里。我急匆匆地奔向河边，奔向草地和树林。凉凉的风里有草药的香味，一只只鸟儿在树梢上鸣叫。蜻蜓咬在一支芦杆上，它的红色肚腹像指针一样指向我。宁静而遥远的天空就像童年一样颜色，可是它把童年隔开了。三五个灰蓝的鸽子落下来，小心地伸开粉丹丹的小脚掌。我可以看到它们光光的一丝不染的额头，看到那一对不安的红豇豆般的圆眼。我想象它们在我的手掌下，让我轻轻抚摸时所感受到的一阵阵滑润。然而它们始终远远地伫立。那种惊恐和提防一般来说是没有错的。周围一片绿色，散布在空中的花粉的气味钻进鼻孔。我一人独处，倾听着天籁，默默接受着崭新的启示。我没有力量，没有一点力量。然而惟有这里可以让我悄悄地恢复起什么。

　　我的老师走了。她离去不久，因为可怕的变故，我也不得不与那片可爱的林子分手了。我开始了一个人在山区里奔波的日子。当时我刚满十七岁。那是一段艰难的时光,当然它也教给我很多很多。极度的沮丧和失望,双脚皲裂了还要攀登,难言的痛楚和哀怨,早早来临的仇视。当我今天回忆那些的时候,总要想起几个绚丽迷人的画面,它使我久久回味,再三地咀嚼。记得我急急地顶着烈日翻山,一件背心握在手里,不知不觉钻到了山隙深处。强劲的阳光把石头照得雪亮,所有的山草都像到了最后时刻。山间无声无息,万物都在默默忍受。我一个人踢响了石子,一个人听着孤单的回声。不知脚下的路是否对,口渴难耐。我一直是瞅准最高的那座山往前走,听人说翻过它也就到了。我那时有一阵深切的忧虑和惆怅泛上来,恨不能立刻遇到一个活的伙伴,即便一只猫也好。我的心怦怦跳着。后来我从一个陡陡的砾石坡上滑下来,脚板灼热地落定在一个小山谷里。映入眼帘的是一片清澈透底的亮水,是弯到山根后面去的光滑水流。我来不及仔细端量就扑入水中,先饱饱地喝了一顿,然后在浅水处仰下来。这时我才发现,这条水流的基底由砂岩构成,表层是布满气孔的熔岩。这么多气孔,它说明了当时岩浆喷涌而出的那会儿含有大量的气体，水在上面滑过，永无尽头地涮洗，有一尾黄色的半透明的小鱼卧在熔岩上，睁着不眠的小眼。细细的石英砂浮到身上，像些富有灵性的小东西似的，给我以安慰。就是这个酷热的中午，我躺在水里，想了很多事情。我想老师，想过了一个个的亲属，他们的不同的处境、与我的关系，以及我所负有的巨大的责任。就是在这一刻我才恍然大悟："我年轻极了，简直就像熔岩上的小鱼一样稚嫩，我还有很多时间可以成长，可以往前赶路。"不久，我登上了那座山。

有一次我夜宿在山间一座孤房子里。那是没有月亮的夜晚，屋内像墨一样黑。半夜里被山风和滚石惊醒，接上再也睡不着。我想这山里该有多少奇怪的东西，他们必定都乐于在夜间活动，它们包围了我。我以前听过了无数鬼怪故事，这时万分后悔耳鼓里装过那些声音。比如人们讲的黑屋子里跳动的小矮人，他从一角走出，跳到人的肚子上，牙牙学语，等等。我一动不动地盯着屋角，两眼发酸，我想人们为什么要在这么荒凉的地方盖一座独屋呢？

这是非常奇怪的。天亮了，山里一个人告诉我：独屋上有很多扒坟扒出的砖石木料，它是那些热闹年头盖成的。我大白天就惊慌起来，不敢走进独屋。接下去的一夜我是在野地里挨过的，背靠着一棵杨树。我一点也没有害怕，因为我周围是没有遮拦的坡地和山影，是土壤和一棵棵的树。那一夜我的心飞到了海滩平原上，回到了我童年生活过的丛林中去。我思念着儿时的伙伴，发现他们和当时当地的灌木浆果混在一起，无法分割。一切都是一样的甘甜可口，是已经失去的昨天的滋味。当时我真想飞回到林子里，去享受一下那里熟悉的夜露。这一夜天有些凉，我的衣服差不多半湿了。这说明野地里水气充盈，一切都是蛮好的，像海边上的一样。待太阳升起的时候，我又可以看到一座连着一座的大山了，苍苍茫茫，云雾缠绕。我因此而自豪。因为我们的那一帮谁也没有见过真正的山。我已经在山里生活了这么多天了，并且能在山野中独处一个夜晚。这作为一个经历，并不比其他经历逊色，因为我至今还记得起来。就是那个夜晚我明白了，宽阔的大地让人安怡，而人们手工搭成的东西才装满了恐惧。

人不能背叛友谊。我相信自己从小跟那片绿野及绿野上聪慧的生灵有了血肉般的连结,我一生都不背叛它们。它们与我为伴,永远也不会欺辱我、歧视我,与我为善。我的同类的强暴和蛮横加在了它们身上,倒使我浑身战栗。在果园居住时我们养了一条深灰色的雌狗,叫小青。我真不愿提起它的名字,大概这是第一次。它和小孩子一样有童年,有顽皮的岁月,有天真无邪的双目。后来当然它长大一些了,灰黄的毛发开始微微变蓝。它有些胖,圆乎乎的鼻子有一股不易察觉的香味散发出来。我们都确凿无疑地知道它是一个姑娘,并且随着年龄的增长有了人一样的羞涩和自尊、有了矜持。我从外祖母那里得知了给狗计算年龄的方法,即人的一个月相当于它的一年,那么小青二十岁了。我们干什么都在一块儿,差不多有相同的愉快和不愉快。它像我们一样喜欢吃水果,遇到发酸的青果也闭上一个眼睛,流出口水。它没有衣服,没有鞋子,这在我看来是极不公平的。大约是一个普通的秋天,一个丝毫没有恶兆的挺好的秋天,突然从远处传来了新的不容更变的命令：打狗。所有的狗都要打，备战备荒。战争好像即将来临，一场坚守或者撤离就在眼前，杀掉多余的东西。我当时的感觉就是这样。我完全懵了，什么也听不清。全家人都为小青胆战心惊，有的提出送到别人家，有的出主意藏到丛林深处。当然这些方法都行不通。后来由母亲出面去找人商量，提出小青可否作为例外留下来，因为它在林子里。对方回答不行，没有一点变通的余地。接下去是残忍的等待。我记得清楚，是一天下午，负责打狗的人带了一个旧筐子来了，筐子里装了一根短棍和绳索，一把片子刀。我捂着耳朵跑到了林子深处。

那天深夜我才回到家里。到处没有一点声音。没有一个人睡，也没有一个人发出响动。天亮了，我想看到一点什么痕迹，什么也没有。院子里铺了一层洁净的砂子。

二十余年过去了。从那一次我明白了好多，仿佛一瞬间领悟了人世间全部的不平和残暴。从此生活中发生什么我都不会惊讶。他们硬是用暴力终止了一个挺好的生命，不允许它再呼吸。我有理由永远不停地诅咒他们,有理由做出这样的预言:残暴的人管理不好我们的生活,我一生也不会信任那些凶恶冷酷的人。如果我不这样,我就是一个背叛者。

说到这里我想起了人的苦难经历与一个人的信念的关系。不知怎么,我现在越来越警惕那些言必称苦难的人,特别是具体到自己的苦难的人。一个饱受贫困的折磨和精神摧残的人,不见得就是让人放心的人。因为我发现,一个人有过痛苦的不幸经历是极为重要的,但更为重要的是懂得珍惜这一切。你可能也亲眼目睹了这样的情景:有人也许并不缺少艰难的昨天,可是他们在生活中总是自觉不自觉地与一个地方一个时期最黑暗的势力站在一起。他们心灵的指针任何时候也不曾指向弱者,谎言和不负责任的大话一学就会。我将不断地向自己叮嘱这一点,罗列这些现象,以守住心中最神圣的那么一点东西。如果我不能,我也是一个背叛者。

我明白恶的引诱是太多太多了。比如人的一生中会碰到很多宴会,并且大多会愉快地参加。宴会很丰盛,差不多总是吃掉一半剩下一半,差不多总是以荤为主。这就有了两个问题:一是当他坐在桌边，会想到自己的亲属、还有很多认识的不认识的人，同一时刻正在嚼着简陋的难以下咽的食品吗？那么这张桌子摆这么多东西是合理的吗？或许他会转念又一想：我如果离开这张桌子，那么大多数人是不会离开的，这里那里，今天明天，无数的宴会总要不断地进行下去。而我吃掉自己的一份，起码并没有连同心中的责任一同吞咽下去，它甚至可以化为气力，去为那些贫穷的人争得什么。如果真是这样，那也可怕得很。无数这样的个人心理恰恰造成了客观上极其宽泛的残酷。它的现实是，一方面是对温饱的渴求，另一方面是酒肉的河流。第二个问题是吃荤。谁在美餐的时刻想到动物在流血、一个个生命被屠宰呢？它们活着的时候不是挺可爱的吗？它们在梳理羽毛，它们在眨动眼睛。你可能喜欢它们。然而这一切都被牙齿粉碎了。看来心中的一点怜悯还不足以抵挡口腹之欲。我与大多数人同样的伪善和虚妄。似乎无力超越。我不止一次对人说过我的预测、我的一个至关重要的判断：如果我们的文明发展得还不算太慢的话，如果还来得及，那么人类总有一天会告别餐食动物的历史；也只有到了这一天,人类才会从根本上摆脱似乎是从来不可避免的悲剧。这差不多成了一个标志、一个界限。因为人类不可能用沾满鲜血的双手去摘取宇宙间完美的果子。我对此坚信不疑。

要说的太多了。让我们还是回到生机盎然的原野上吧,回到绿色中间。那儿或者沉默或者喧哗,但总会有一种久远的强大的旋律,这是在其他地方所听不到的。自然界的大小生命一起参与弹拨一只琴,妙不可言。我相信最终还有一种矫正人心的更为深远的力量潜藏其间,那即是向善的力量。让我们感觉它、搜寻它、依靠它,一辈子也不犹疑。

想来想去,我觉得没有更多的东西可以信赖,今天如此,明天大概还是如此。一切都在变化,都在显露真形,都会余下一缕淡弱的尾音,惟有大自然给我永恒的启示。

六　我跋涉的莽野

1

我们家躲进林子的时候带来了许多书。寂寞无人的环境加上书，可以想象，人就容易爱上文学这一类事情了。我大概从很小时候起就能写点什么，我写的主要内容是两方面的，一是内心的幻想，二是林中的万物。心中有万物，林子里也有万物。这些，完全不是林子外的同龄人所能理解和知道的。这成了我的特长，入学后，这一特长变得越来越明显了，也就飞快发展起来。简单点讲，这就是我的文学之路的开始。

随着年龄的增长，我接受的一个越来越大的刺激，就是人，特别是成群的人对我的刺激。许多的人一下出现在我的眼前我的世界里，不能不说是惊喜中又有些大惊慌。我从小形成的一个习惯，一个见解，这时候都受到了冲击。我习惯的是无人的寂静，是更天然的生活，是这种生活对我的要求。只有从学校回到林子里，才能恢复以前的生活和以前的经验，但这要等到假期。童年的经验是顽固而强大的，有时甚至是不可改变的。这就决定了我一生里的许多时候都在别人的世界里，都在与我不习惯的世界相处。当然，我的苦恼和多少有别于过去的喜悦，也都缘此而生。

说起来让人不信，我记得直长到二十多岁，只要有人大声喊叫一句，我心上还是要产生突然的、条件反射般的惶恐。直到现在，我在人多的地方呆久了，还常常要头疼欲裂。后来我慢慢克服，努力到现在。但是说到底内心里的东西是无法克服的。我得说，在反抗这种恐惧的同时，我越来越怀念出生地的一切。我大概也在这怀念中多多少少夸大了故地之美。那里好像到处都变得可亲可爱了，再也没有了荒凉和寂寥之苦。那里的蘑菇和小兽都成了多么诱人的朋友，还有空旷的大海，一望无边的水，都成为我心中最好最完美的世界。

对比我的童年，我的成人世界是这样的不同。我对这个越来越吵闹的成人世界是反应强烈的。我当然不喜欢，不习惯，本能地要躲避和反抗。同时我也越来越明白一个简单的道理，就是这个世界的大部分、它的大多数时间，总是要充满了喧哗的。这是我们不得不接受的一个事实。问题是每个人接受的过程和方法都不一样。我在接受的同时也充满了幻想和反抗，我对付它的方法就是不断地靠想象返回自己的过去，进入我的那片莽野。我觉得四十多年了，自己一直在奔向自己的莽野。我在这片莽野上跋涉了这么久，并且还要继续跋涉下去。我大概永远不能够从这片莽野中脱身。

这样，我的写作大约就分成了两大部分。一部分直接就是对于记忆的那片天地的描绘和怀念，这里面有许多真诚的赞颂，更有许多欢乐。另一部分则是对欲望和喧闹的外部世界的质疑，这里面当然有迷茫，有痛苦，有深长的遗憾。我这当中有一个发现，就是拥挤的人群对于完美的生存会有致命的毁坏。他们作为个体有时是充满了建设的美好愿望的，但作为一个群体是必要走向毁坏的。我的这个悲观影响了我的表达，也影响了表达的色调和方法。

我觉得与人的交流和交往既是通向极大发现和

惊喜的过程，也是引起最大沮丧的原因。人与人的交往奇累无比，许多时候是痛苦的、劳心劳神的。而与自然万物的交往则简单明了得多，容易得多。人在自然中的欣悦，简直是无以形容的。人离开了这种交往，就是陷于苦恼的开端。这儿我要举一些例子。如中国和东方的许多国家，其中的一大部分智者都出家了，当了和尚或者尼姑。他们那么聪慧，未必不知道人间的欢乐幸福，可是他们权衡之后，也仍然要放弃世俗生活。还有，西方的一些大智者、大文学家、艺术家在闹市中过着一种波希米亚式的生活，也是对世俗生活的拒绝。其原理非常简单，就是说他们不是不爱人，而是被人与人之间的繁琐悲伤折腾得实在是够了。

作为一个不自量力的人，我觉得身上有一种责任，就是向世人解说我所知道的故地的优越，它的不亚于任何一个地方的奥妙。一方面它是人类生活的榜样，是人类探索生活方式的重要补充，另一方面它也需要获得自身的尊严，需要来自外部的赞同和理解。奇怪的是我有时甚至觉得它的尊严的取得必要加上自己的一份努力才行。基于这样的理念，我没有过多地回避,相反我是更深刻地介入了当前的生活。我的一大批文字正是因此才充满了呼喊之尖利的。将眼前这个世界与我心目中即过去的海边世界作一比较就可以发现许多问题。大遗憾大觉悟,还有一些想法,也就产生了。我在很长一段时间认为两个不同的世界是可以互相交融的,后来才渐渐发现这只是一种妄想。我只能永远地属于原来,而后来的世界我是无法真正地进入的。就是说,对于这个热热闹闹的社会而言,我可能永远保持了外来人的感觉。

2

我 1975 年发表了第一首长诗,现在已经找不到了。我记得那是写一个复员的老红军在海边上吹号的故事,是一首叙事长诗。海边上要开垦荒地,要兴师动众,所以也就有了一个在工地上吹号的人——他把垦荒多多少少当成了打仗。这是怎样可怕的一场战斗,开垦的结果是大片丛林不见了,我过去的莽野不见了,各种植物动物不见了,代之以农田之类——后来就是沙漠化，干旱，是惨不忍睹的环境。我当时不懂得后果的严重性，还觉得好玩，迷着他的大铜号。

如果是现在，我当然是做不出这样的诗的。那时吹号的人在莽野上，他与它一起组成了一个童话。我喜爱这童话，不知道这童话背后隐含的可怕的东西。

大约就是从那一场开垦开始，我的那个真实的世界被破坏了。现在它已经不成样子，树木稀少，尘土飞扬，人比树多得多。还有，大多数楼房也比树高得多。海也变浑了。我们现代都市人都知道这意味着什么。我的母亲常对我回忆起往昔，回忆那时在莽林里迷路，还有拣不尽的蘑菇之类的事。她说，当时柳树林里的鸟儿太多了，它们每天夜里翅膀碰下的干树枝就是用不完的烧柴。其实这些我都记得一清二楚，母亲的叙说不过是加深了我的疼痛而已。我心痛我们的林子，我们蓝蓝的大海和洁白的沙滩。

这种痛，还有因痛而生的恨，是外地他乡的人无法理解的。想想看吧，一个人只有依靠幻想才能回到心爱的故地，这是多么悲伤。造成这悲伤的是纵横交织的一些人和事，好故事和坏故事。所谓的人事变迁，残酷与善良，动荡的岁月，就是这些组成了历史。我不得不写这样的历史，写这样的一些愉快和痛苦的故事。我的不懈的写作是基于这样的情结的，它是关于维护一个人生来就有的一切的，那是幸福和美好的拥有。它是关于活着的理想，关于这个理想的强调。有人可能认为这又是许多人谈过的环境保护之类，当然，也包括了它。可惜还远远不止于它。我在谈人类生存的全部，谈人类追求完美的权力、执拗和本能，她的现在和将来。

也许美好的理想在我童年的眼中给放大了，但我心中的真实感受是不能剥夺的。说来有些可笑，我神交日久的一些朋友，当他们提出到我的故事发生地龙口去看一下的时候，我常常要产生一种莫名的羞愧感。我甚至多少害怕他们看到现在的龙口。不是说它现在一无是处，绝不是；而是过去的最美好的一切全都没有了。那个近似于童话般的世界没有了。人类生活是充满了不少苦难的，没有童话的世界是非常难熬的。失去了童话的地方，这在我看来还有什么可看的,还有什么值得骄傲的?

我强烈地、不屈不挠地维护着我的故地。

在我看来,整个世界都变成了一片莽野,它由于变得狼藉,就和现在的故地连成了一片,变得眉眼不分。而过去它们是分开的,它们有所不同,并且是极大地不同。我还相信,世界的每一个角落,最初都和我原来的故地差不了多少,也都是绿意盎然的。也就是说,更早更早,大地也是连成了一大片的;从某种意义上说,那时的人可以在大地上随意创造,随意行走,并且永远欣喜愉快。

3

不用说,我对于正在飞速发展的这个商业帝国是心怀恐惧的。说得更真实一点,是心怀仇视的。商业帝国的中心看来在西方,实际上在自私的人的内心——包括我们的内心。我之所以对前途不够乐观,是因为我们实在难以改变我们的内心。许多人,古往今来的许多人都尝试改变人的内心,结果难有效果。这说到底是人类悲观的最大根据。

东方国家的文化中有一种优雅的东西,那真是一种好东西。可惜,它在今天已被商业扩张主义给彻底戕害了。优雅是人类与自然智慧相处的结果,是人获得真正自由的表现。而现在的商业扩张主义对自由的包装,是多么虚假和脆弱。人成了单纯的商品的经济的动物,还有什么自由可言?商业扩张主义会在一切领域培养出一大批粗野的人,并最终让这些人统治我们的生活,那时的人类将最后告别"知书达理"的文明社会。

如上所谈的一切,很容易让人想到文学,想到文学的作用。不能说只有文学才有反省和幻想的力量,但文学的确是商业扩张主义和物质主义的死敌。可见,文学家在今天不自觉地就成了浪漫的战士。而作为一个战士,我心中却装着莽野,一路跟跟跄跄地跋涉。但我自己并不觉得这有什么滑稽,就像我不觉得文学有什么滑稽一样。

在以金钱和性的欲望为中心的这个世界上,我们的生活真的变得越来越危险了。在谈论这种危险的时候,我发现最真诚的人,仍然还是那些文学家,是诗人。其实我们要求这个世界的并不多也不过分，在自然环境方面能像过去的黄县／龙口一样就行了，像那时候，我们还有个"灯影"。战乱，贫寒，这些不能要。可是战乱和贫寒并不是美好的自然环境带来的。相反，历史上的大多数战争，还有贫困，都是商业和利益的争夺造成的。

我不仅希望文学家，而是希望所有的人，都能对这个疯狂的物质世界有一种强烈的反应，都不要与之合作。到了这样的时候，世界才能慢慢走向良性发展。现在的人对商业扩张主义是很顺从的，并且积极投身其中。这等于是在玩火。

没有对于物质主义的自觉反抗，没有一种不合作精神，现代科技的加入就会使人类变得更加愚蠢和危险。没有清醒的人类，电脑和网络，克隆技术，基因和纳米技术，这一切现代科技就统统成了最坏最可怕的东西。今天的人类无权拥有这些高技术，因为他们的伦理高度不够。我们今后，还有过去，一直要为获得类似的权力而斗争，那就是走进诗意的人生，并有能力保持这诗意。

文学的意义说到这里已经非常之清楚了。

文学家是一些一往情深的挑剔者，他们很关注人们与这个物质世界的关系,也很难与这个世界融洽相处。

　　我如果能像一个外人一样遥视自己,会看到这样一个图像:一个人身负行囊,跋涉在一片无边的莽野之上。对我来说,这是一次真正的奔赴和寻找,往前看正没有个终了……

我的童年生活

施舟人 著
袁冰凌 译

我出生于1934年,正是希特勒的纳粹运动在德国猖獗得势时。这对我的童年有很大的影响,可以说影响了我一辈子。

我父母是荷兰知识分子。父亲克拉斯·施佩尔在荷兰北部离阿姆斯特丹不很远的一个叫水手村的小村庄当牧师,母亲约翰娜(汉妮)·高柏是作家,主要写儿童作品,两人都是社会主义者。1940年德军占领荷兰,并开始把犹太居民驱赶到集中营,这时我父母参加了地下抵抗运动。1943年,他们被人出卖。父亲身陷囹圄,我和母亲、哥哥以及一个母亲从德国人手中救下的和我同龄的犹太男孩藏在阿姆斯特丹老城中心,幸免于难。可是,我们过得很艰难,母亲在这期间受过伤,终身致残,我自己则差点饿死。

二战结束后,我父母还活着,但由于战争的影响,他们很快相继去世。随着他们的病故,我的童年也结束了。然而,尽管发生了那些事情,我不能说我的童年不幸。我的父母是很独特的人,他们不仅挚爱自己的孩子,对其他弱者也充满爱心。

父亲是个学者,拥有神学博士学位。我至今还记得他坐在四周都是书架的书房里的样子。他总是在读书或写作，不过他允许我在他的书房里玩，我常常从书架上取下那些触手可及的书来搭建城堡。他的书桌上方挂着两幅肖像：一幅是耶稣，另一幅是列宁。

他善良、腼腆，从不说人长短。除了从事神学研究，他生活中的最大乐趣就是与同事和朋友交流思想了。每个星期天下午都有客人到我家来，把客厅挤得满满的。他们一边喝茶或咖啡，一边兴趣盎然地聊着各种话题。这种讨论往往持续好几个小时。天渐渐地黑了，屋里的光线也暗了，可是讨论仍在热烈的气氛中进行。那时荷兰的主餐是午餐，晚餐很简单。晚上客人离开前，大家吃点面包，喝点牛奶和蔬菜汤。在这样的周日下午，我就会坐在地板上，或挨着妈妈坐在小凳子上，听大人们谈天说地。虽然不知所云，却觉得其乐融融。

母亲充满了活力，目光深邃有神，卷发乌黑，皮肤白皙，身材健壮却不臃肿。她喜欢户外活动，常在菜园里干活。离我们的村子不远是荷兰著名的长海堤，她还喜欢带我们在海堤一边的小海湾里游

母亲约翰娜

父亲克拉斯

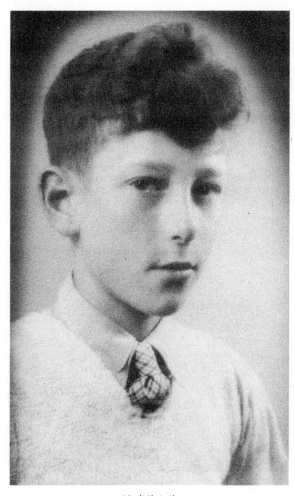

10 岁的立科

泳。她在创作和其他活动中表现出特有的引人注目、教养和创造力。很年轻时她就摆脱了基督教家庭传统教育的束缚，选择了自己的生活道路。从阿姆斯特丹大学神学系毕业后，她到荷兰最南端的林堡煤矿区做社会工作者。那里的工作环境和生活条件都很差，矿工大都是从德国和东欧来的新移民。由于十分同情矿工的处境，加上性格直率，她和煤矿管理当局的关系很快变得非常紧张。1923年，她和一位矿工领袖有了爱情关系，并因此怀了孕，她慎重地选择了做未婚妈妈。此举在她所属的小资阶层激起很大的波澜，她和儿子威廉不得不离开荷兰去德国和意大利旅居了很多年，靠写作和翻译维持生活。1928年回到荷兰后，她成为了一位颇有名气的社会党党员，成功的写作和政治活动使她越来越出名。1934年，她又一次做了未婚妈妈。这次，她在瑞典生下了第二个儿子，就是我。她给我取名克里斯托弗，小名立科。第二年她回到荷兰，嫁给了施佩尔牧师，他把我和我哥哥都看作他的亲生儿子。

母亲很有个性，也很有幽默感。在遇到困难时，她总能看到好的一面。尤其重要的是，她充满热情、爱心和同情心。无论走到哪里她都会交到朋友，并通过拜访、写信和邮寄礼物维系友情。她还是一位了不起的故事大王，我就是在听她那些无穷无尽的真实的或编造的故事中长大的。她结婚后，我们家就安顿在水手村了，我最早的童年记忆主要来自那荷兰北部的乡村。

牧师馆的童年

我们家住在村子里的牧师馆里,这是教堂旁边一座比较大的房子,周围都是高大的树木。村子里其他的人住在农场,他们饲养荷兰奶牛,每天两次人工挤奶,然后送到一个加工厂,经消毒后制成饮料、黄油和奶酪。每个农场还会养几头猪、几只鸡、一头山羊和一些产羊毛的绵羊,到处都是放牧的草地。

村子建在"圩田"上。这里原来是海的一部分,几个世纪前修了海堤,围在里面的海被风车抽干了水就变成圩田了。实际上我们住在低于海平面约7米的地方。我们家旁边就是拦截外面海水的大海堤。过去,海堤被冲毁过好几次,不少村庄被湮没,死伤无算。母亲在一本儿童书里曾描述过16世纪发生在我们村里的水灾。在我们这个时代,水利技术已大大改善,大海不再危险了。

我们家穷。父亲做牧师的薪水很低,母亲必须拼命翻译和创造儿童作品来接济家庭。和现在一样,当时文学作品的稿酬少得可怜。

我们的生活很简单。一天两次吃黄油面包,一顿主食是土豆炖蔬菜。蔬菜是自己菜园里种的。每天傍晚,我负责到附近的农场去取牛奶。农夫给我倒满一小盆刚从母牛身上挤出来的还带体温的牛奶。为了不要把牛奶洒出来,我每次都小心翼翼地走在乡间的小道上。每星期我们只吃一次猪肉,鸡肉太贵了难得一见,连鸡蛋也很少吃。喝咖啡是件奢侈的事,更不用说啤酒、葡萄酒或烈酒。

但我们并没觉得这种生活艰苦,我们都健康、快乐,虽然我一直很瘦小。母亲常说我们很幸运,有稳定的收入,当时有不少人由于30年代的经济危机失业了。

我比我哥哥威廉小10岁。父母要工作,村子里和我同龄的孩子也没几个,所以我经常很孤单。母亲家务不太忙的时候就坐在二楼的小屋子里,在打字机边写书稿。她也参加社会党和地方委员会的活动,还协助父亲做好牧师工作,并且有两个儿子需要照料。虽然囊中羞涩,家里还是经常宾朋满座,需要招待。她每年写一到两本书,翻译同样数量的

书稿,同时还为各种杂志撰写稿子。

我主要在花园或厨房里玩。我常用草或树枝做成小船,把它们放在花园边上的小水沟里航行,我总是跌进泥水里,好在水不深。我还喜欢爬果树,不管树上结的是什么果子,熟不熟的,我都摘着吃。有时候从树上掉下来。母亲并不禁止我做这些事,也不警告我要小心。我虽然瘦小,但不病弱。我总在做梦,满脑子都是自己编造的故事。母亲希望我和哥哥长成强壮、勇敢的男人,认为她过多的关爱会让我变得女孩子气。

有一次,这种自由导致的结果是,我把房子点着了火。事情是这样的:我喜欢在我家阁楼上玩耍,上阁楼的梯子很陡。那时候没有电,我点了根蜡烛。这个阁楼用几片木绒保暖。包木绒的纸烂掉了,木绒露了出来。我把蜡烛放在其中一片木绒上,想看它会不会着火。天啊!它真的点着了!幸运的是母亲刚好从二楼的书房出来,看见了火光。她跑到花园,取出花园里的水管,装上水龙头,浇向已经烧旺了的熊熊大火。她成功地在房梁和椽子烧着之前把火灭掉了。当时,有人已给邻近镇子的消防局打了电话,半个小时后红色消防车开到了我家门口时,我们一家人已经从慌乱中恢复过来,坐在客厅里喝咖啡了。我并没有因此而受到惩罚。第二天当地的报纸报道了这件事,还登了一张我的照片。一个邻居把报纸拿给我看,并责怪了我。我这时才明白是自己惹的祸。

母亲不守旧,却保持清教徒的生活方式。如果她认为确有必要,她真的会惩罚我,那时我还真的挨了她不少打。我父亲从不打人,他的心太善、太软,下不了手。母亲也极少夸我,她不想使我骄傲。然而她常常把我拉到怀里,对我说她多么爱我。

她不许我对衣服和食物说三道四,表示喜好或厌恶,因为"不管上帝赐给我们什么,我们都要心怀感激地接受。"她经常强调努力工作、生活俭朴、有勇气和毅力的重要性。但在玩具方面,她很慷慨,送我好玩的玩具,带我去好玩的地方,如阿姆斯特丹的动物园。5岁时,我父母送我一辆小自行车。每天晚上,母亲都会坐在我床前给我讲故事,这方面她可是高手。

她还鼓励我读书识字。我5岁时,她找了乡村学校里的一位老师做家教。我很快就能自己读书了,并开始阅读家里的藏书,包括母亲写的。

当然,我们生活中一件重要的事情就是上教堂。我们就住在教堂隔壁。每个礼拜日父亲都在教堂布道,那里还举行婚礼、葬礼和宗教庆典,圣诞节尤其重要。那时,虽然家庭生活都离不开教堂,星期天来做礼拜的却寥寥无几。只有几位教会成员和上了年纪的妇女才定时光顾。我们全家人:母亲、哥哥威廉、保姆(我们有时雇佣一位)和我肯定去。我3岁时就开始去教堂了。父亲讲道时我当然什么也听不懂。中间休息时,教徒们唱赞美诗或其他圣歌。歌声旋律优美,管风琴余音绕梁。母亲记得我第一次去教堂时,在听布道时变得很不耐烦,就站起来大声说:"来吧,让我们再唱一首动听的歌曲,然后回家吧!"

星期一到星期六教堂没有活动时,我有时带上教堂大门的钥匙,溜到教堂里玩。我喜欢看放在长椅上的大部头圣经,也喜欢爬进钟楼看教堂的大钟。教堂旁边有一小片村里的墓地。里面有好多古老的大理石墓碑,刻着各种各样的碑文,那也是一处我喜欢玩的地方。

我父母允许我在教堂和墓地玩，似乎不可思议。我父母不仅是教徒，而且是神学家，但他们并不保守，他们不觉得我在圣地玩耍有什么不妥。他们也不排斥其他宗教。母亲在阿姆斯特丹大学读书时，很欣赏比较神学教授H.海克曼的课。这位伟大的学者在中国的佛寺和道观里生活过很长时间，对中国宗教有深刻的认识。

村子里和我同龄的孩子没几个，住得也很分散。我父母鼓励我和农民的孩子交朋友，可是彼此见面不容易。他们和我玩的方式也不一样。我通常沉浸在母亲讲述的故事中的幻想世界中，把自己想象成骑白马穿过森林奔向城堡的骑士，或是一个弹着鲁特琴的游吟诗人，或其他浪漫人物。我的衣着和别的孩子也不同，我当然也穿木鞋，这和村里其他孩子没有两样，但其他的就完全不同了。母亲欣赏俄罗斯民族，喜欢给我穿俄罗斯风格的短衬衫和用皮带束起来的高领外衣。这些衣服是斐丽特做的，她是母亲以前从德国请来的朋友，后来就留在了荷兰。她嫁了一位德国油画家，住在邻近伊顿市的一座小巧玲珑的老房子里。斐丽特会来牧师馆住上很长一段时间，那时她还照看我，给我做一大堆衣服。她甚至为我做了一套王子服，配有一顶带羽毛的帽子和一把木剑。

我出生的前几年，我外祖父、外祖母做了一次环球旅行。他们游历了许多国家，包括中国、日本和美国。我从没见过我的外祖母，因为我出生后不久她就去世了。她每到一个国家都收集该国家的玩偶，后来都留给了母亲。俄国、中国和美国印第安人的偶人很漂亮，我想玩的时候，她就会给我玩。

记得我4岁生日时，家里有一个聚会，虽然我不记得是否有其他孩子出席。村子里的一些胖女人来喝茶，送了我一块巧克力。

在荷兰，孩子们最大的节日不是圣诞节，而是圣尼古拉斯之夜。每年12月5日庆祝这个节日。如果谁家有小孩，年纪大一点的亲戚或是朋友就装成圣尼古拉斯，戴上全白的胡子和一顶大红帽，手持主教杖，和化妆成摩尔人的男孩一起来，背着一个装着糖果和礼物的袋子。孩子们必须和圣尼古拉斯见面，他会问他们是否表现得好，然后再送他们礼物。我外祖父是位善良的老绅士，他长着真正的白胡子，为我扮圣尼古拉斯。

　　一次，村子里的学童和隔壁东宅镇的孩子演了一出戏剧，是根据格林童话中的矮妖怪故事改编的。我被整个演出吸引住了，尤其喜欢扮演嫁给国王的磨坊主女儿的那个小女孩。我立刻坠入了情网，她是当地石匠的女儿，10岁了，而我只有5岁。我竭尽所能去追她，请她到我家里玩，讲好笑的故事取悦她。她答应来我家玩，但在我送她回家的路上，她明明白白地对我说：她听够了我的故事，要我别再缠她。这是我的第一次失恋。

战争

不久,战争爆发了。那是1940年5月的一个的早上,阳光灿烂,我和父亲站在花园里,这时一架德国飞机飞了过来,飞得很低,在我们村子上空投下了雨点般的传单。我捡起一张,和父亲一起念了起来,上面印的是德国人的宣传。父亲向我解释说,德国人已占领了我们的国家。晚上,我们听到了爆炸声,母亲看到南边的地平线升起一道火光。她说,"阿姆斯特丹在燃烧",同时开始哭泣。她是阿姆斯特丹人,对这座美丽的城市感情很深。实际上,阿姆斯特丹逃过了一劫难,只是一些港口设施遭到轰炸。全城遭毁的是鹿特丹。不久后,那里无家可归的孩子来我们村子避难。除此之外,我们小村子里的生活和以前没什么两样。

那个时候,荷兰的小学在复活节开学,所以我在1941年的春天才入学。学校在邻近的东宅镇,离我的村子有二、三公里的路程,我每天骑车去上学。

虽然是一个镇的小学，其实学生并不多，老师只有三个，教室也没几间。一、二年级分两排在同一个教室里由一个老师上课。当时我只有六岁半，不过我母亲认为我已经懂得不少东西，应该直接上二年级。我的老师丝却不同意这么做。因为她不高兴我母亲的提议，结果她既不让我上一年级，也不让我上二年级，而是在一、二年级桌椅之间的过道上放一只凳子叫我坐，什么都不教我。课间的大半时间我都在打瞌睡。

　　我在小学的困难还不只是年龄和不上不下的班级问题，也因为我长得和一般荷兰小孩不很一样。六岁多的我不仅比同龄的孩子个子小，而且我的头发很卷，颜色也不像普通荷兰人的那样金黄。加上我的性格内向、害羞，所以小朋友们都笑我是女孩子。有一天，我偷偷跑到隔壁的理发店，要求理发师把我的卷发剃光，说我母亲后来会付钱给他。我母亲很理解我的心事，没有责怪我这么做。没料到第二天当我光着头出现在教室门口时，同学们笑得更厉害了！

有一次我又在课间睡着了。丝毫特玛科太太过来摇醒我，并冲着我叫："你不可以在课堂睡觉！"我迷迷糊糊中抗议道："我可以不睡觉，但请您不要对我这么乱吼乱叫！"听我这么说，她觉得很尴尬，气急败坏地把我拖到地下室的煤球间整整关了一天。而且，这也不是唯一的一次。

不久，东宅镇小学以天气寒冷没有煤球供暖为由关门了。我告诉我母亲他们骗人，地下室有的是煤球。母亲问我怎么知道，我这才告诉她自己在地下室度过不少时光。

那年九月，母亲送我去邻近瓦德村的小学。这个学校更小，老师是一对夫妻。虽然从我们家去瓦德村的路程比去东宅镇短，可是这一段路不好走，无法骑自行车上学。母亲就和老师商量，让我寄宿在他们家，每个周末回水手村的牧师馆一次。在这里又一次证明这些年轻的老师拿我没办法，他们不让我去教室听课，却把我关在小阁楼上又黑又冷、脏乎乎的卧室里，我整天就那么呆坐着，看对面学生们上课和课间在院子里嬉闹的情景。

没多久就是圣诞节，回家后我表示再也不去上学了。母亲这才决定把我送到荷兰中部乌特勒支附近的比尔托芬儿童公社去生活。她告诉我,这是一所非常好的学校,学费很贵,但我在那儿肯定会高兴。

儿童公社

儿童公社真正的名称是工场(werkplaats)。儿童公社是对它的性质荷兰文 Kindergemeenschap 的翻译。这是一所为不同年龄、不同背景的孩子开办的实验学校,由宗教和社会改革家盖思·伯克建于 1929 年。盖思是一位著名的和平主义者和社会主义者,他反对战争,反对资本主义和专制政府。他是一个基督教徒,同时也是一个多才多艺的工程师,有很深的音乐造诣。他曾经到英国求学,在伦敦遇到了出生于富有的教友派家庭的贝蒂·吉百利,并和她结了婚。

起初,盖思想推动一种新运动,创办了一个"兄弟会",目的是让大家在一起研究讨论如何创造一个新社会,一个财产公有、共同生活的新团体。当贝蒂得到吉百利家族的一大笔财产时,他们决定把一部分捐给教友会帮助穷人,另一部分送给家族工厂的工人们。但他们拒绝纳税,因为政府把纳税人的钱花在军队和购买武器上。这给他们惹了不少麻烦，盖思为此好几次被监禁。直到有一天他们意识到社会改革的办法不是反抗而是教育。他们搬回到荷兰，定居在乌特勒支附近的比尔托芬。1929年，盖思和贝蒂先把自家的八个孩子组织起来办了一个边工作边学习的"工场"。不久一些欣赏这种教育理念的人也把孩子送来让他们教育。20世纪30年代，当墨索里尼开始在意大利掌权时，著名的启发式教育创始人玛利亚·蒙特索里博士逃亡荷兰，盖思曾和她见过面，一起讨论关于儿童教育的一些问题。

正如他认为所有的工厂应属于工人，而不是资本家老板，在盖思发明的这种新教育体系里，学校属于孩子而不是老师和主管。为了说明他的理念，他把自己的学校叫做"工场"，把学生叫做"工人"，把老师叫"工友"。孩子们不仅可以按自己觉得合适的方法上学，而且原则上想干什么就干什么。盖思相信，孩子天性善良，天生具有学习和工作的欲望，只要让他们明白自己的责任，放手让他们去干，自然会长成出色的人才，成为一种新型的人类。

当我来到"儿童公社"时，大约有一百来个学生。这里没有教室,也就是说,没有集中一拨子学生坐在下面听老师在台上讲课的事。没有普通的班级,而是按颜色来分队。比如,紫队相当于普通小学的一到三年级,蓝队相当于四到六年级,黄队相当于初中,桔队相当于高中。桔队几乎没什么人。我们也有一个公共的大房间,每个孩子有自己的桌子和椅子,可以随便把座位搬到自己喜欢的任何角落。因为我们平时不用上课,公社负责人把所有的教材编成卡片,放在墙边的资料柜里。卡片上印着学习科目:算术、拼写和语法、历史、地理等。这些功课按从易到难的顺序分类,我们随便从资料卡片里抽取自己喜欢的科目去做。做好之后给一个"工友"看,他检查我们做得好不好,有问题会帮助我们解决。完成一系列的作业之后,"工友"在助理的协助下,会给我们出一个小测验。如果我们通过了,那部分教材就算学会了。我们可以自己决定做功课的用功程度,自己决定学习材料,自己选择完成学习任务的期限。因此,我们必须学会独立完成学习和工作任务。

不要以为这是一班子自由散漫的乌合之众。公社有一些非常严格的章程。比如每天早晨七点半到八点之间就要到"工场"参加集体活动。这在冬季寒冷的荷兰并不是一件很轻松的事。我们有自己的菜园，每天中午我们都留在儿童公社自己做午饭，有时候就是吃自己种的蔬菜和马铃薯，虽然煮得很难吃。此外，我们必须打扫公共卫生，修理损坏的家具，上油漆等。

还有社区活动。每星期开始的时候，大家集合在一起唱歌。盖思教我们很多歌曲，用不同的语言唱：英语、法语、德语、甚至俄语。他自己也谱写了不少歌曲。

每周都会举行一次全社孩子和大人参加的大会，一次年段小会。每个人都要在会上检讨自己一个星期以来的所作所为，其他人可以批评帮助。我们有一些绝对不能做的事，比如，在这个讲究男女平等的地方，女孩子不能踢的足球是被禁止的。有一次，我和几个男孩子偷偷溜到远处去踢球，结果被举报了。在那一周的全社大会上，我检讨了自己的错误行为，表示要改正。结果，另一个男孩子却站起来表示不服气，他认为足球是一种男孩子的活动,他就是喜欢,并骂我是伪君子。我非常生气,不理他。可是大家认为我这个态度也不行,虽然他的认识不对,我不应该计较,而是要帮助他改正。

我很喜欢儿童公社的团队精神,也逐渐适应那里的生活。只是刚开始时,因为我的木鞋和我的荷兰南部口音,大家都取笑我,不过,不久我就交上朋友了。我喜欢那儿的自由氛围,尤其是音乐。盖思对巴赫和海顿的清唱剧、莫扎特的安魂曲和许多其他著名的音乐作品都有研究,他办了一个合唱团。由于我的嗓音很好,也被选入合唱团演唱。我们学了巴赫的"马太受难曲",我特别喜欢它,不久我就能背下全曲。我们还画画,做泥塑,想做什么就做什么。我不喜欢枯燥的算术和语法。我开始模仿母亲,着手写一本儿童书,当然没写成。

比尔托芬是一个富有的小城,周围有很多美丽的乡间别墅。儿童公社坐落在郊外,附近有一大片松树林。我们的大部分自由时间都花在森林里玩强盗和打劫的游戏。秋天,我们在树林里采集各种可以吃的菇和栗子。我特别喜欢那片松树林,每当我回到比尔托芬,那弥漫在空气中的清香总令我感到喜悦。

儿童公社的费用不低。村子里的学校是公立的，可以免费入学，而儿童公社是私立学校，必须付学费。交多少钱我不知道，我猜想有部分折扣，因为家里没那么多钱，而且母亲和盖思有点交情。记得我被一再告知，能上这所特殊的学校是多么幸运，我应该感激父母为我花了那么多钱，还有生活费。我刚开始住在学校宿舍，和许多从荷兰其他地方来的学生共住。我当时7岁，是年龄最小的一个。

如果说我曾经很想家，那我一定把这种情感抑制了，因为现在无论如何回忆不起来有那种感觉。实际上，当比我大的孩子哭着想父母、想回家的时候，我觉得他们太女气了。母亲一直教育我要成为一个坚强、有勇气的好男孩。我通过显示独立精神和自理能力来证明自己。儿童公社所在地比尔托芬镇在荷兰中部，那时从水手村到那儿要走很长的路。我刚入学时是先坐汽车到东宅镇，然后换马车到普纳冷。从那里有一趟小火车到阿姆斯特丹北面，之后坐轮渡到阿姆斯特丹火车站，乘火车到乌特勒支，最后换车到东边的比尔托芬。到了目的地后，还要走很长的路才到儿童公社。近一百公里路程，我们颠簸了一整天，到夜里才到达。

当然，第一次去是要有人陪的，但后来放假回家，我尽量自己解决部分或整个行程。我知道坐什么交通工具，会自己买票，当然我看不懂时刻表，所以每当我不清楚该坐哪班火车或汽车，在什么站台上下车时，我就问别人。能照管好自己，让我很引以为自豪。只是到了很久以后，当我自己的孩子7岁时，我才意识到那个年龄是多么幼小，才开始疑惑自己这段经历的意义。

我和石匠女儿不幸的初恋早已过去了，但在儿童公社，我又一次陷入绝望的单相思。这次我爱上的对象是盖思的小女儿玛雅，她大概比我大10岁，我非常崇拜她。当然她几乎不认识我，更不会知道我多么爱慕她。我的爱情持续了将近一年，最后因此病倒了。我想要是我生病了，就有人去告诉她，她可能会来照看我。结果我真的病了。那时，我们正在荷兰北部的一个岛上过夏令营，我马上被送回比尔托芬，让一个医生照料我。过了很久，这场相思病才逐渐淡忘。此后，我一次又一次地恋爱了，不过爱上的都是和自己年龄相仿的小女孩。我从没敢对她们表白,每次我都备受折磨。只有在成年之后,这个问题才不再出现。

我的哥哥威廉

当父母决定把我送到儿童公社时,主要是考虑到我们住的地方没有适合我的学校。威廉听得这个消息,提出他也要去。实际上,当时他已经17岁,而且辍学3年多,这时却出人意料地表示要重返课堂。

威廉在很多方面和我不一样。我总是很瘦弱,耽于幻想,而他却强壮、活跃。他爱干活,喜欢动物和农场生活。尽管他很聪明,却有学习障碍,因为他不能拼读。这是我们家族的遗传症,我幸运地逃脱了这一厄运。在今天的西方社会,拼读困难症是一种常见的儿童教育问题,可那时的教育者不了解这一点。一个孩子如果有拼写和书写问题,就被认为是愚钝而不适合高级教育。我可怜的哥哥深受此害而离开了学校。那时候,荷兰的义务教育实施到14岁。所以威廉一到那个年龄,就请求父母允许他离开学校,去做一个农民。由于我父母没有农场,也没钱买农场,就让他先在附近大农场里干点农活。威廉喜欢他的新生活，学会了挤牛奶、剪羊毛，能双手同时提两大桶牛奶，及其他成年人干的体力活。

我母亲对此很高兴，也很自豪。她是个理想主义者，相信工人和农民比商人和知识分子强。她希望自己的儿子在新的社会主义社会里成长，而不是被培养成为资本主义的寄生虫。威廉想当农民正合她意。至于我，她希望我当个木匠或裁缝。有天分的话，也许当一个艺术家也不错。后来我上中学时，她常说她不希望我成为知识分子，而是希望我学门手艺，做自食其力的诚实工人。

威廉是个非常聪明的孩子，尽管有拼读问题，还是很喜欢学习。在农场干了两年后，他进了为年轻农民办的夜校。我就要离家的时候，他想也许儿童公社那种自由教育对他是个机会。于是，1942年的2月我们一起去了儿童公社。但他比我大得多，很快就交了许多和他同龄的朋友，压根没照顾我。后来，1942年7月，威廉年满18岁，被德国人征去做劳役。为逃避这次服役，他离开了学校，在阿姆斯特丹隐藏了起来。他还结了婚，生了儿子，以我父亲的名字克拉斯为孩子命名。在阿姆斯特丹期间，他继续自学，到了1945年阿姆斯特丹解放时，他顺利通过了高中毕业考试。因为他的数学成绩不错，秋季他考取了荷兰著名的瓦革宁亨农业大学。直到写毕业论文时他的拼读问题再度被发现。但由于总成绩出色，他还是拿到了学位，成为农业和食品领域的专家。我哥哥的大学教育对于母亲来说是个很大的经济负担，尤其在父亲1949年久病去世之后。尽管威廉没有成为她以前设想的工人或农民，她还是为他的成就感到骄傲。

父母的营救犹太人活动

我父母不仅是社会主义者,反对希特勒的纳粹政权,而且他们也尊敬犹太宗教和文化。根据荷兰的学术规定,父亲在1938年通过博士答辩时必须提出一些科学"见解"。在他的见解中有一条就是"反犹主义与信仰上帝是不可调和的"。同年,他还组织了"反对迫害犹太人"的活动。

在荷兰,第一次驱逐犹太人的事件发生于1942年。但在此之前,母亲已开始广泛联系群众,帮助并保护大批从希特勒统治下的德国逃亡过来的犹太人。她想以此来组织对纳粹的和平抵抗运动,因为她反对任何暴力行为。

1942年,我哥哥和我离家时,她请了一个木匠(是她的一位共产党朋友)到我们住的牧师馆修了一些秘密藏身处所,这在那栋满是犄角旮旯的老房子里并不太困难。经过改造后的房子,最多可以藏匿15个犹太难民。

母亲组织了一个地下抵抗网络,救助那些随时可能被送往集中营的犹太人。那时躲藏起来逃避德国人的捕抓被称做"潜水",躲藏的人叫"潜水员"。我家是这些"潜水员"的中转站。每当母亲听说有人希望躲避德国人的驱逐,她就会安排这个人到我家,时间最好在邻居睡着的半夜。然后再设法在对她的事业抱有同情心的人群中寻找一个长久的藏身处。一般来说,这些人都是纯朴的当地人,会接待一到两个人,住上一段长短不定的时间。母亲在劝人们收留受迫害的犹太人时很有说服力,她的确救了不少犹太人。

1943年春天我从儿童公社回家过复活节,我先在阿姆斯特丹和母亲碰头,那是在市中心租的一间小房子里。那天晚上她告诉我,我会在家里遇到很多从未见过的人。她给我解释说,这些人处境危险,无论在什么情况下,我都不能对别人透露半点消息。不然的话,这些无辜的人就会遭到逮捕和杀害。她还说,她把什么都告诉了我,因为她知道我是个大男孩了,告诉我这个秘密是对我的信任。我完全明白我的责任,也确信自己能够不辜负母亲对我的信任。

那些避难的人分散在我们房子的每个角落,男女老少都有。白天,那些人都聚集在客厅或其他地方,母亲则忙于照管他们。一旦有外人来访,大家立刻躲起来。幸运的是,我们的牧师馆和教堂是在旷野里,单门独户,白天有人来,老远以外就能看见。而且,母亲在邻近东宅镇的关系网一发现可疑的事或有可疑的人朝我们的方向走来,会提前给她打电话报警。

母亲必须照料那些难民,给他们提供食物。她不能过于依赖附近的农民,因为这会引起怀疑。于是她自己骑自行车去其他地方的市场和农场找食品。在一次雨天回家的路上,她被一辆马车撞倒了,车轮碾过她的腿和脚踝,造成了骨折。母亲折断的脚踝复位后打上了石膏。当时她本该好好休息,这样她的脚和踝骨才能康复。但她忙得没时间休息,伤势刚有好转就马上骑着车为了那些犹太难民的事到处奔走。

许多人来过我家,我只记得其中的几个。我非常喜欢霍夫曼夫妇,他们在我家呆了很久,因为霍夫曼太太怀孕了。她临产时,母亲以一位地下网络朋友的名义安排她住进了附近的一所医院。孩子出生后,母亲为他们找了一处永久"潜水"的地方,一直住到战争结束。战后,我们之间一直保持很好的友谊。

大部分在我家避难的人时间都很短,我没见过或记不得了。战后许多年,有时会听到有人说他们曾经在我家逗留过。比如,母亲救过的路得·李普曼,她不仅是犹太人,还是德国共产党的一名重要成员。希特勒上台后,这位非凡的女士逃到了荷兰,化名"路得·斯托克"从事营救犹太人的地下工作。她以惊人的勇气冒着生命危险在欧洲大陆甚至德国活动,营救她的犹太同胞。当时,她在德国已被判了死刑。她后来住在苏黎世,在她83岁时出版了一本自传,其中讲述了1943年她遭到盖世太保的疯狂追捕,到处"潜水"而找不到安全的地方。她写道:

> 我给水手村的牧师馆打电话,问他们能否收留我。牧师的妻子马上说可以,并告诉我去她家的详细路线。这个电话被盖世太保监听了。

我早就听说过这个牧师和他的妻子,因为他们一直在帮助营救犹太难民。他们警告我那里迟早会被发现,但他们还是随时准备接纳我。我以前从没见过他们。牧师是位虔诚的教徒,荷兰有不少这样的人。他的妻子特别活跃,庇护犹太儿童和地下抵抗组织者的孩子,我在那儿的时候,满屋子都是孩子。

就在我到达的那天夜里,牧师正在楼下上教义课,突然来了两车党卫军,他们搜查了整座房子。在最后一刻,汉妮把我塞进了一个存放衣物的大壁橱里。这是唯一一个没被搜查到的地方!一名党卫军在壁橱前走来走去,透过橱门的缝隙我能看见他的高筒黑皮靴。外面闪着亮光,壁橱里一片漆黑。在恐惧和战栗中,我侥幸躲过了这一劫难。施佩尔夫妇确实令人敬佩。"(路得·李普曼著:《也许幸运不仅是偶然的》,科隆,1993,135—136页)

当我在几年前第一次读到这一段文字时,突然记起母亲 50 多年前跟我讲起的同一件事。她说党卫军的突然搜捕是因为有一个正被通缉的叫"斯托克"的女人躲在我们家。有人看见她了，报告了盖世太保。他们到村子的时候，母亲看见了汽车的灯光，及时地把路得藏到了一个隐蔽的地方。德国人进屋的时候，母亲哭喊着："啊，太可怕了！你们来抓我儿子了。"（我前面说过，我哥哥被德国人征了劳役躲藏起来了）当军官声明他是来抓犹太女人时，母亲假装不明白他在说什么，认定他和他的部下是来抓我哥哥的。她哭闹了很长，使德国人将信将疑，认为房间里没有犹太人。他们最后搜查了一遍房子，但不太彻底，所以没有找到路得。第二天，路得被偷偷地转移出来，带到一处长久的藏身之地，在那里一直呆到战争结束。

我不知道路得为什么写"房子里到处都是孩子"。她一定是见到了铁欧，一个 9 岁的犹太男孩，他刚刚来到牧师馆，就在家里无拘无束地走来走去，因为我父母对外说他是我家的小亲戚。我不认识其他的孩子。路得当然没有见到所有藏在我家的人，因为晚上他们已经到藏身处休息了。比如，霍夫曼夫妇那时也躲在我家。盖世太保没有发现他们。路得说，她的藏身之处是唯一没被发现的地方，她说错了。

铁欧是个犹太男孩，他母亲把他托付给我父母。她是个年轻的女人，嫁了一个上了岁数的犹太富商。他被捕了，年轻的妻子和年幼儿子逃脱了。后来她遇到一个积极从事地下抵抗运动的荷兰青年，两人决定把孩子送到别的地方住比较方便。所以铁欧在1943年的春天就到我家了，当时我还在儿童公社。我回家过复活节时，他已经在家里住了一段时间了。我们经常在一起玩。铁欧比我大半岁，在很多方面比我成熟。他在城里长大，家庭富有，见识比我广。他不抱怨在牧师馆的生活，但他一定觉得这里的日子没有他所习惯的那种生活那么舒服。他也很想念父母。

路得·李普曼的事情发生后，母亲决定多加小心，至少一段时间内，不再安排"潜水员"了。但在那一阶段，搜捕犹太人的活动愈演愈烈，很多人在逃命，不久我家又和从前一样挤满了人。1943年6月，灾难降临了。半夜时分，纳粹进行了第二次突袭。出卖我们的可能就是同村人,在那时这样的告发能得不少奖金。这次来了10个党卫军,几个守在房子外面,其他人进屋搜查。他们当中不仅有德国人,还有荷兰人。所有的犹太人已经藏了起来,但铁欧是作为亲戚留宿的,就睡在我的床上。一个荷兰人唤醒了他,和蔼地问他,"我们知道你是谁,你是从阿姆斯特丹来的犹太孩子。"铁欧从睡梦中醒来,回答说:"是的。"那人把他从床上拉下来,让他穿上衣服,然后把他抱在腿上,拿出一块巧克力,对他说:"你告诉我别人藏在哪里,这块巧克力就归你了。"铁欧说出了所有人的藏身之处,他们都被捕了。他们还问他自己的妈妈在哪里,还有和她同居的年轻男人的名字,他也说了出来。

当时有6个犹太人,算上铁欧是7个人藏在屋子里。他们被集合起来,带到了客厅,靠墙站成一排。突然,有人从窗户跳到花园,跑掉了。他藏在房子附近芦苇塘的浅水里,死里逃生。

剩下的人被押上汽车送到了阿姆斯特丹。父亲被关进了阿姆斯特丹的中心监狱,犹太人则被带到临时拘留中心,一个叫"荷兰剧院"的地方,在那里等着被送到集中营。铁欧也被带走了，被关在离荷兰剧院不远的一个关押犹太儿童的地方。母亲那天晚上没在家，她在前一天去了荷兰中部一个地方为难民收集假身份证，所以才幸免于难。

几天后，母亲乔装改扮，拿着别人的身份证去了铁欧的关押中心。她自称是铁欧家的邻居，说给铁欧带了去德国的钱和衣服。由于犹太人的大部分私人物品都被没收，门卫也得到一部分，所以他放我母亲进去。她在大厅里很多孩子中间找到了铁欧，悄悄地把他带出了那个地方。她具体怎么做的，我也不清楚。铁欧1970年去世前在回忆录中写道：他们从一个后门走了出去。就这样，铁欧死里逃生。其他在我家被捕的犹太人没有一个从集中营生还。至于父亲，他被拘留了很长时间，勉强躲过了死刑。他很文弱，身体不好，1944年从人满为患的监狱里释放出来。出狱后，他继续与地下抵抗组织联系，再次被捕。他又一次躲过了死刑，最后获释。

躲藏时期

事件发生后,母亲到了比尔托芬的儿童公社来告诉我家里出了事。我当时正住在一个"工友"的家里。我仍然清楚地记得她从我们住的巷子里走过来的样子,以及她讲述事情经过时的严肃表情。那时,盖世太保已经确认在我家藏匿犹太人的主犯不是腼腆、不食人间烟火的父亲,而是母亲。因此,他们对她下达了逮捕令。

母亲并不是我家唯一被追捕的人。哥哥威廉也因躲避德国人的劳役藏了起来。他用假身份证和妻子、儿子克拉斯藏在阿姆斯特丹犹太区一所废弃的房子里。犹太区原来的居民不是被抓到集中营,就是躲藏起来了。母亲在离哥哥家不远处,阿姆斯特丹王子河旁边的一座老式房子的阁楼上找到自己的避难所。那屋子还躲着另外一对犹太夫妻。

母亲是阿姆斯特丹人,她的大哥也住那儿。他叫达科·高柏,是位杰出的古典文学学者,后来又学了心理学,他建立的心理测量研究所是欧洲最早的心理研究机构之一。他还是荷兰共产党的核心人物，一名坚定的和平主义者。他的两个儿子，长子布冉、次子沙柏和我母亲同一时期加入了反纳粹运动。这两个当时只有17岁和19岁的年轻人，选择了武装抵抗。两人都是共产党抵抗组织"CS-6"的成员，他们的目标是除掉纳粹的重要领导人及其同伙，营救犹太人。

布冉帮助犹太人搞假身份证，并组织他们从荷兰逃到安全的地方。他协助了一大批犹太人逃出荷兰，经比利时和法国前往瑞士。1943年夏天，他在荷兰和比利时的边境被捕。

他的弟弟沙柏在阿姆斯特丹市中心一个放映德国宣传影片的剧院里放了一把火，当时剧院没有人，但整个建筑全烧毁了。这让他大为有名。后来，1943年8月19日，沙柏参加一次刺杀行动，干掉一个经常把犹太病人出卖给纳粹的罪大恶极的医生之后，他骑上自行车逃走。不幸的是，一个擦窗户的人听见有人叫喊，低头看见一年轻人骑着车在街上飞奔，误以为他是贼，就把梯子横在路上，阻止他逃跑。沙柏跌倒被抓。擦窗人事后知道自己的过错，后悔不已。布冉和沙柏受到严刑拷打,他们和他们的其他战友一起在1943年10月1日惨遭杀害。今天,阿姆斯特丹有一个以沙柏·高柏命名的公园。

母亲在阿姆斯特丹藏身的时候,我还呆在儿童公社。到了暑假,母亲带我和一个我在公社的同学去荷兰南部的一个农场。这个男孩叫山姆·赛格尔。他的父母是阿姆斯特丹的犹太工人,全家都被逮捕,只有山姆在最后关头被他母亲托付给一个朋友,后来辗转到了儿童公社。战后他家只有山姆和他的一个妹妹幸存。

山姆是一个小天才。当时我们有好几个男孩子一起住在一个"工友"家,山姆是我们的头。在学校里他是好学生,不仅数学好,还会写诗,大家都赞扬他,喜欢他。不过,他也是我们去村里的小铺子偷糖果和其他小东西的领头人,为此还发明了一种只有这一拨子人听得懂的联络暗号。山姆甚至会用在我看来十分复杂的零件装配收音机。由于我是最小的一个,那些大男孩往往不让我参加他们玩的把戏。我非常想演试一下他们的技艺,等他们偷东西被逮住受罚时,才有机会自己单枪匹马去碰运气,结果当场被抓,大大吃亏。

我们去的南部那个农场相当穷。我不清楚他们为什么会收留我们,他们让我们呆在一个废弃的鸡舍里,在水泥地上铺些稻草,晚上我们就睡在稻草上。我们有一个小煤油炉做饭,但没什么可煮。还好,那位肥胖的农场女主人对我们很友善,有时会给我们一片烤面包。这就算是款待了!

卫生条件很糟糕,我记得一天早上醒来,听到稻草下面有吱吱声。我翻开稻草,想看看是什么东西叫,结果看到了一窝刚刚出生的小老鼠!

我们在田野里玩耍,或讲故事打发时间。和其他孩子一样,我们也找各类死掉的小动物、小虫子给它们举行葬礼。我们还唱儿童公社学来的各种歌曲。我记得有一天我们正唱得带劲的时候,母亲从田里朝我们走来,挥着一张报纸,高兴地喊着:"盟军占领意大利了,墨索里尼下台了。"那应该是1943年7月25日前后。

夏天过后,山姆和我回到了儿童公社。日子过得很艰苦。很多老师参加了抵抗运动,其中一位叫约普·韦斯特威尔的老师,和我表哥布冉一样帮助难民穿过比利时和法国逃到瑞士。他后来被捕了,惨遭杀害。

一次我做了个怪异可怕的梦,我站在儿童公社的花园里,靠近通向门口的小路。我突然发现母亲躺在地上,身上压着一堆水泥块。我只能看见她的头,她的表情痛苦、悲哀。她把脸转向我,难过地说道:"我亲爱的立科,你知道你的外祖父已经死了吗?"外祖父是门诺派的牧师,阿姆斯特丹大学的教授,母亲很爱他,我也是。他是一位君子,在12月5日他为我扮圣尼古拉斯。这是个预感的梦,大约半年后,82岁的外祖父在阿姆斯特丹碰到车祸,不幸身亡。

1944年1月,纳粹突然搜查了我和山姆同住的老师的房子,寻找犹太人和地下抵抗战士。他们到大门时,山姆和我从后门跑了,我们穿过花园,钻进了附近的树林。从那里我们去了另一个庇护我们的老师家。

后来,我们在比尔托芬呆不下去了,山姆和我到阿姆斯特丹和藏在那儿的母亲住在一起。过了不久,从集中营逃出来在别处住过一段时间的铁欧也和我们会合了。由于我们藏身的小阁楼变得拥挤不堪,便安排山姆回到儿童公社。

日子仍然很艰苦。由于母亲和我哥哥都遭德国人的通缉,所以我们没有配给券,所有的食品必须去黑市买。有时我们冒险步行到城外,向农民乞讨。有一次我们差点被捕。

铁欧和我在阿姆斯特丹的日子是在玩耍中或在读我们仅有的几本书中度过的。曾有一次,一位大胆的老师让我们去他的公立学校听课,而他姐姐晚上则偷偷给我们上英语课。但这太冒险了,不久我们又在家里呆着不敢出门。

就在这段时间,铁欧得知他母亲在集中营被害的消息。当他从知情者口中得悉他母亲遇害的惨境后,把自己关在屋子里,不想和任何人说话,一夜间白了一缕头发。只有母亲能跟他说话并安慰他。打那以后,他和母亲的关系亲如母子。

一天早晨,母亲在一种预感中醒来,赶快把我们叫醒,带我们去火车站乘车去荷兰南部的登博斯市。我们参观了城里的大教堂,我对此印象很深。晚上回到阿姆斯特丹时,我的表姐阿莱达(布冉和沙柏的妹妹）在车站等我们，警告我们别回家。在我们离开的这段时间里，我们的住处被人搜查了。那对犹太夫妇正在家中，虽然他们已经藏了起来，但盖世太保开始搜查的时候，那个妇女紧张得歇斯底里发作，大喊大叫。她马上被发现带走，她的丈夫幸存下来。

我们搬到哥哥住的犹太区那栋被废弃房子的后屋住了一段时间。每天都有德国人巡逻，我还记得士兵的皮靴走在路上的回声和他们的纳粹歌声。

6月6日，联军在诺曼底登陆成功。大约三个月后，联军先头部队到达了比利时北部，并在9月5日星期二占领了安特卫普城。德军和他们在荷兰的同伙阵脚大乱，"疯狂的星期二"使他们以为联军的胜利势不可挡。但实际上，联军的兵力并不足以攻克德军的防线。从那时起，所有德国的武装部队都集中到了荷兰东部的阿亨，而荷兰的西部，包括我们所在的阿姆斯特丹，则被隔绝了。不久，发生供给困难，食物和其他必需品严重缺乏。就这样，可怕的"饥饿冬天"开始了，大饥荒一直持续到1945年5月荷兰解放。

饥饿的冬季

母亲在阿姆斯特丹的新教堂街给我们找到另一个住所。新居又黑又脏,总共有三个房间。我们占了其中的两间,另一个逃难者占了第三间。不久,没电了,汽油、煤气和石油也没有了。在黑市上只能买到小罐发蜡,把灯芯插到发蜡上,点了当灯用。没有煤做饭取暖,只能去犹太人的废墟拆地板和房顶上的木料当柴烧。铁欧和我好些天都在找木头,干这活挺危险的,因为拆房子时,墙和屋顶随时都可能倒塌。我们一起把在尤登大街的原犹太人孤儿院的木头成捆成捆地抬出来,最后孤儿院塌陷了,成了废墟。这时,黑市的物价飞涨,一袋面包要100荷兰盾,相当于父亲当牧师一个月的薪水。半磅黄油要250荷兰盾。一天,和我们住一起的那位先生把一颗他家祖传的紫色主教戒指拿到黑市换了一瓶腐臭的食用油!每天城里人都试图越过德军的武装封锁线,到乡下用金子、珠宝、古玩和其他宝物跟农民换几个鸡蛋或一瓶牛奶。我们怎么活呢?

由于我的外祖父已经去世,母亲继承了他的部分遗产。我外祖父相当富有,母亲把她继承的钱全用来维持那时的生计。

有一天,母亲没有从市场带回郁金香球(当时的主食)或干豆,而是带回一个耶稣的木雕像。这一定是某个小罗马天主教堂里的东西,用石膏包过,因为还能看见石膏的痕迹。耶稣那举起为人祝福的右臂被修补过。这东西既不旧,也不贵重,但它的突然到来,却使我们的陋室四壁生辉。铁欧和我把它叫做"老耶稣"。

我不知道母亲为什么买这尊木像,她没解释。基督教徒在教堂里没有圣像,家里更没有。虽然母亲思想相当开放,但和天主教并没有任何特殊的关系。现在,我猜想她这样做是因为她当时正写一本《儿童圣经》。战争期间,她的书和文章都停止出版了,因为身为纳粹"通缉"名单上的人,没有哪个出版商敢出她的书。而且战争时期纸张也贵了。但1942年的秋天,一位著名的出版商找她,建议她写一本《圣经》给"非信徒家庭"的孩子看。这样的《儿童圣经》在荷兰已经有了,但风格乏味,缺少热情,而且内容不全。母亲接受了改写包括《预言书》在内的全部《圣经》内容的艰巨工作。为了这项工作，她必须搜集关于《圣经》的历史和考古方面的资料。每当母亲写一个历史人物或写一段故事时，她都认真研究那个人物，熟悉人物的性格，直到"他直视你的脸"。我现在知道，她在当时严峻的形势下弄到耶稣的木像是因为她可以看到耶稣，而耶稣也就会看到她，这有助于她把书写好。

尽管经历了战争的艰难困苦，以及战后参加的清查团工作，母亲从没有停止写《儿童圣经》。好几次手稿差点丢了。当水手村牧师馆出事时，大家都被捕了，房子也被封了。母亲找到一位朋友，他愿意爬墙钻进二楼的窗户，把母亲的手稿、打字机和其他有用的东西搬了出来，这样她又可以继续写作了。我们隐藏在阿姆斯特丹王子河时，这一幕又重演了一次。最后，母亲的《儿童圣经》成了一本新颖、生动、有趣的圣经故事。1948年该书出版了，获得了成功，并重印了好几次。

1944年圣诞节前的一段时间，母亲继承的钱几乎花光了。这时，真正的饥饿到来了。我们简直没有什么可吃的。每天中午,阿姆斯特丹市政府供应一次救济餐:熟郁金香球,或稀汤。人们为得到一小点吃的东西得排上几小时的队。铁欧和我也去,带着一小盆。母亲去太危险了。因为我们是两个人,我们可以得到两勺,带回家和母亲一起吃。其他人会马上把东西吞下去。有时因为排队时间太长,有人昏倒在地上。有时会有人把晕倒的人抬走,但有时就没人管,他们被丢弃在街上,无人问津。

不去领救济汤或去空房子捡木头的时候,我们就在床上呆着。母亲给我们讲故事,读她正在写的《圣经》故事,或狄更斯的《大卫·科波菲尔》,那是用优美的荷兰语翻译过来的,并附有原版插图。很快我的日日夜夜都沉浸在小大卫的故事中,我完全把自己当成大卫了,而铁欧喜欢斯提福兹,一言一行都模仿他。我们表演书中的场景,争论朵拉是不是个好女孩和好妻子,我绝对爱上了朵拉,而铁欧却认为她既被宠坏了,又愚笨,不可能成为一个好妻子。母亲不讲故事的时候,我就尽可能自己读。我想象着大卫·科波菲尔的故事发生在我自己生活的地方,他出生的房子和我们的牧师馆一样,伦敦也很像我熟悉的阿姆斯特丹。

我们还经常憧憬战后的生活,憧憬所有我们能吃到的东西:香蕉!桔子!抹了黄油花生酱的面包!我学会许多反战歌曲,全心全意地唱。母亲和铁欧都不会唱,所以这些歌曲都是我一个人独唱。

阿姆斯特丹的形势越来越严峻了。因为我嫂子不在通缉单上,她可以正常出门。有一天,她去黑市买食品,回来路过犹太区的空巷时,听见附近有婴儿的哭声。她环视四周,想知道声音从哪来,但什么也没看见。最后发现哭声来自一个垃圾筒。她掀开垃圾筒盖,在里面摸索,发现一个还活着的赤身裸体的小女孩,才几个月大,瘦弱得无法形容,身上长满疮和水疱。但她还活着,我嫂子尽管饥饿,但身体健康,还有奶水,马上给孩子喂了奶。她把孩子带回家,给她洗澡。孩子头上厚厚一层痂,在温水里一泡,化开了,露出了头皮,爬满了虱子。后来,那孩子开始呕吐,吐出了刚喝的奶以及先前被喂的土豆皮。

我嫂子马上带孩子到阿姆斯特丹市中心唯一的一家还开诊的医院,她自己的孩子也是在那出生的。

医生看到孩子的糟糕状况就责备她，但了解了实情后，他和他的助手尽全力抢救了这个小女婴。孩子活下来了！几个月后，孩子体重增加了，变成一个可爱的小姑娘。她的背景也慢慢地弄清楚了，她母亲是德国人的随军妓女。生了孩子之后，不愿照管她。一次，孩子的哭闹令她大为光火，就把孩子扔进垃圾筒里了。可是战争刚结束，这个妇女想把孩子要回去。母亲和嫂子坚决不干，这件事被闹上了法庭。法官判我们胜诉，孩子被判给了政府的弃儿中心，由家境好的人家收养。小女孩被一对没有孩子的年轻夫妇收养了，他们十分珍爱这孩子，为了避免孩子生母的纠缠，他们很快移民到加拿大，没留下通信地址。

那年圣诞节期间，母亲找到一些面粉，用水和黄油和起来，烤了两块烙饼，一块给铁欧，一块给我。我的是第二块，平底锅里还剩下一点儿碎屑，我把碎屑撒在我的饼上。吃饭前，我去了厕所。回来时发现饼上的碎屑不见了，马上怀疑是铁欧趁我不在偷吃了。我火冒三丈，抄起劈柴用的斧头，挥向铁欧。铁欧喊叫着逃命，我在后边追他，从楼下追到楼上，再从楼上追到楼下。当我抡着斧子,怒吼着冲进房间时,母亲提着一大桶水浇在我头上。我跌倒在地上,又难过又羞耻,大哭了一场。

那件事后,母亲一定意识到我们不能再这样下去了。她通过地下抵抗网络,安排我和铁欧转移到北部的弗里斯兰,那里的食品供应条件要好一些。

在北方

刚过完1945年元旦,母亲宣布铁欧和我要转移到弗里斯兰,免得挨饿。她跟我说没有别的办法。当然她很难过,不知道我们能否再活着见面。分别的前一天,她问我晚上想吃什么,我想出一道我最喜欢的菜:红豆。母亲一定是花了不少钱费了不少劲才把它弄到手,那天晚上,她把一盘红豆放在我面前时非常得意。也许因为那并不是我想吃的红豆,或不是我期待的那种味道,更可能是因为临近的别离让我食不知味,我只吃了几勺就咽不下去了。母亲坐在我身边,劝我多吃点儿。我说吃不下时,她真的很伤心。

那天半夜,我们被带到附近的广场,那儿停着一辆敞篷大卡车。敞篷车厢里铺着草和毯子。有好些儿童,还有几个成人。车开了一整夜。有时,我们要藏在毯子下面,不能出声,因为我们正通过德国人的艾瑟尔河防线,德国人要检查卡车是否非法运货。当然我们是,但我们幸运地躲过了这一关。

第二天，卡车在弗里斯兰南部的海伦芬停下了，铁欧、我，还有一个十七八岁的女孩下了车，她负责把我们带到目的地。

要走的路还很长。至今我都不知道我们是否有具体的地方要去，也不清楚到达后是否有人愿意收留我们。我们从海伦芬走到一个叫酒岭的小村庄。我不清楚有多长的距离，但一定是好远，因为我们走了很久。天冷得要命，地面覆盖着雪，天上掉下来的是雨。我全身都湿透了。后来发生什么事我记不起来了，是事后铁欧告诉我的。我跟着他们俩，一定是因为过度疲倦、饥饿及寒冷而瘫倒在路边。过了一段时间，铁欧环视四周，发现我丢了，就叫那个女孩等我。可她不愿意等，说不能耽误寻找庇护所的时间，应该继续前进，不管我会怎么样。她对我并不负有任何责任。铁欧哭了，对那女孩说没有我他就不走。他回头来找我，终于在路边找到了躺在雨水中的我，那女孩也跟过来了。他们试图把我唤醒，但没成功，一切迹象表明我已经死了。铁欧的号啕大声，引起了一个驾车经过的农民的注意。他把我抱到车上，在我身上盖了一件帆布衣服。铁欧和那女孩也坐上了马车。他的农场在酒岭村,正是我们的目的地。由于这位好心人的帮助,在他那温暖的家得到照料,使我很快恢复了知觉。我能死里逃生,铁欧高兴极了。

铁欧和我都呆在这个村子里,而且住在同一间房子。我们的房东是位好人,负责当地乳品厂的质量管理。除了我们两个,他还藏匿了两个从阿姆斯特丹来的犹太人。刚开始,他不太高兴,因为他误以为铁欧和我只是逃荒的饥民。后来他知道铁欧是犹太人,而我是被盖世太保通缉的人的儿子,而且我长得也像犹太人。我们还是被收留了。我留在牛奶管理员的家里,铁欧分到附近一个养兔子的农民家。

这是一段幸福的日子。我们的房东是朴实厚道的好人。我很快交上了朋友,并学习说弗里斯兰话。最初我们还去上学,有一部分课程是用弗里斯兰语上的。我喜欢那儿的食物:黑面包抹黄油以及工厂里的新鲜奶酪。我吃啊吃啊,可还是瘦得皮包骨。后来才知道我肚子里有蛔虫,而且很严重,但我记不起来是否曾经治疗过。

开始结冰时，我们到横穿村落的运河上滑冰。冰融化后，我们就去田里的沟渠玩撑杆跳。我们先去附近的树林里找到上好的冷杉树，把它伐倒后做成一根撑杆。撑杆跳很好玩，但杆子经常插到泥里，我们就半挂在杆子上，悬在沟渠上方。我们必须跳进水里，再从泥水里爬上来。回家时全身又湿又脏，肯定得挨一顿臭骂。

春天来了，我们就玩别的游戏。田里有一个沙坑。小男孩和小女孩会去那里玩"爸爸妈妈"或"医生"的游戏。通常，小女孩穿着手工织的毛线短灯笼内裤。但有一天，一个穷工人家的女孩没穿内裤，小男孩们就趴在她身上扭动。后来，有的孩子给他们的家长讲述了这件事，引起了一阵骚动。有人质问我们沙坑里发生的事。我当时虽然也在场，但只是旁观者。然而，我却挨了骂，因为家长们都很愿意把我这个"外乡人"当作替罪羊。

我父亲原籍弗里斯兰，他是家里的最后一代。我祖母并不住在弗里斯兰，而是住在邻近格罗宁根的省会。我把这一切告诉了我的房东。沙坑事件发生后，他们认为我把他们的孩子带坏了，于是决定把我送到我祖母那里去。我知道祖母家的地址,送我到那儿没什么问题。一个农民用马车送我到了邻镇的中心,在那儿登上了一列去弗里斯兰首府柳瓦登的小火车。到站后坐一辆极慢的火车到格罗宁根。下车后向导把我领到祖母家的那条街的拐角处就扔下我走了。我拿着一个小衣服包,自己沿街走到祖母家门口,按响了门铃。有人按铃时,老太太总是小心谨慎,战争期间则更加小心翼翼了。她开了一道门缝,刚好能向外张望。她看见我时,只把门缝再开大了一点点,我挤不进去。她问道:"立科!你带饭票来了吗?"

我当然没有饭票,但她还是让我进去了,还给我东西吃。从她那儿我得知父亲已经从阿姆斯特丹的监狱里放了出来,到了格罗宁根。他本想和一些抵抗组织人士取得联系,恰巧他们刚刚被捕了。不知就里的父亲按了他们的门铃后就径自走了进去,正好落到在那儿查看被逮捕者的身份文件的盖世太保手里。父亲就这样又被捕了。这次他被关押在一个拥挤不堪的牢房里,我不知道他和多少抵抗战士关在一起。几星期后的某天早上,他再次获释,而他的大部分狱友都被杀害了。他马上离开了格罗宁根，在教会的帮助下，在该省北部的一个叫恩伦的村子里找到一处藏身之地。

我的祖父在弗里斯兰境内一个叫哈林根的地方当中学老师，早年死于肺痨。出身于富农之家的祖母独自抚养父亲，供他读完中学和大学。父亲做了牧师后，她改嫁给一个名叫巴克的鳏夫，他是个人寿保险推销员。巴克和祖母都是加尔文教信徒。两人只穿黑色衣服。我祖母遵从上岁数农民的习俗，穿好几件垂到鞋面的裙子和衬裙。一次，她给我看她的一些衣服，告诉我每件衣服的来历，"这件裙子是我姑姥姥的，那件塔夫绸衬裙是我母亲的"，等等。她从来没有脱下过这些衣服，洗澡时也不脱。屋子是一所19世纪的建筑，没有洗澡间。洗澡用大澡盆和几个盛冷水和热水的小水桶。我怀疑她是否看见过自己的裸体和她两位丈夫的裸体。老夫妻睡在客厅边上一间类似壁橱的小房间，客厅只在星期天有客人来时才用。卧室没有窗户，门为了挡穿堂风总是关着的。床上垫着羊毛垫，铺上一床鸭绒被，可谓真正的"汗床"。我在楼上睡，床上铺着一模一样的东西。

我们多数时间都呆在厨房里。祖母整天坐在这儿补袜子、织内衣、做饭、读《圣经》。巴克和她的生活恪守节俭的信条，食物极其简单。这么做与格罗宁根的食物供应情况无关，实际上那儿的情况和战前差不多。如果不是老巴克用低沉的声音在餐前读《圣经》，在饭前饭后作长时间的祷告，我们的每顿饭一会儿就能吃完。

我祖母在所有衣服外面还套上一条灰色围裙，她平时穿的那条很旧了，不少地方都磨破了。门铃一响，她会马上换上一件没那么破的围裙再去开门。可她并不穷，她在全荷兰最富有的农业省份拥有一个中等规模的农场，她有一所大房子，还存有钱。她有一些珠宝：珊瑚项链、珍珠项链以及戴在弗里斯兰传统服饰的花边女帽上的纯金饰物。她去世后，人们打开她的珠宝箱，发现她项链上所有的珍珠都坏了，有些甚至烂了，因为她从来没戴过。

我住在她家时，她还是照管我。她为我消灭从弗里斯兰带来的虱子，叮嘱我每次去厕所小心擦拭，注意气温变化，避免伤风。她还教我唱赞美诗。她吃惊地发现我一首赞美诗也不会唱，对我主动为她唱的几首抵抗歌曲，她却无动于衷。此后她要我每天吃早餐前都给她背一首赞美诗。晚上睡觉前，她给我一本赞美诗，并指定一首要我背诵。还好，我的记忆力不错，这对我并不难。每天早晨，我背熟赞美诗后就从自己的房间下楼到厨房背给她听。吃过早饭，我们继续坐在厨房里，她用老女人的尖嗓音唱赞美诗，让我跟着学。我不能说我真的喜欢这样做，但我和祖母相处得不错。

礼拜日我们去荷兰归正会教堂，这是加尔文派的大本营。我们不是去一次，而是两次。上午做一次礼拜，下午做一次。礼拜很长，布道时间更长。歌唱也比父亲的教堂少。另一个不同之处是，在这个现代化的大教堂里挤满了人，从一楼到走廊，座无虚席，有的人还站着。我觉得很乏味，但那里虔诚的人们却认为很有意思，因为讲道时讨论过的神学观点，过后在祖母家雅致的客厅里一边喝咖啡一边被再次讨论。这间客厅显然是专门为这一天的讨论而设的。几个星期后，我推断出，这些讨论不只是宗教信仰问题，在格罗宁根的教堂内部，《圣经》的解释存在分歧。我不知道具体争论的是什么问题。20世纪早些时候,同样是这些加尔文教教徒就争论过伊甸园里的蛇是否用人类的语言对夏娃说话(毕竟《创世纪》上说:"蛇对夏娃说……"),以及是否应该从隐喻的角度去理解整个故事。我猜这次争论的焦点与上次是类似的问题,最终目的是证明谁对原教旨的信仰最坚定不移。争吵导致社区的分裂。老巴克和我祖母小心翼翼地观望事态的发展。巴克大声朗读每周教堂里关于教义争论的各种文章,他和我祖母在街上遇到别人时,观察他们的反应。如果和平时一样互相寒暄,说明一切正常。如果别人的反应冷淡或者连招呼都不打,这表明他们属于另一个阵营。这样,在第二次世界大战接近尾声,半个国家正遭遇历史上最大的饥荒时,格罗宁根的加尔文教教徒完全陷进神学的争论之中,而且这种处于萌芽状态的分裂似乎成了他们生活中最重要的事情。

除了唱赞美诗外,我无所事事,因为祖母家没有玩具或儿童书籍。所幸的是,隔壁住着一位老绅士,他和我祖父曾是好朋友,也是哈林根中学的老师。他娶了我祖母的妹妹，但她去世得早，他一直没再娶。他充当了我父亲的监护人，父亲和我称他为"星叔"。他是个有智慧的善良的老绅士，他的屋子藏满了犹太人。我不记得到底有多少人，但他们是一群快乐的人，得到星叔的女佣人，一位名叫丽芙柯的可爱的弗里斯兰妇女的悉心照料。我成天和他们在一起讲故事，玩游戏，他们十分感动地听我唱所有我学过的抗战歌曲。

过了不久，我父亲带口信让我去他藏身的村子团聚。丽芙柯陪我坐马车去了。父亲和我在恩伦教堂附近的一个教会执事家里见面，我们相泣良久。我给他讲述了我在阿姆斯特丹的生活和转移到弗里斯兰的经过。他无法让我留在他隐藏的地方，但安排我住在邻近一个富有的农场主家里。

战争的最后一个阶段就这样开始了。我的新房东非常和蔼可亲。我吃得很好，得到不错的照顾。我在这个大农场非常高兴，一大家子，包括所有的男工和女佣，一起在一个大餐厅里吃饭。农场就像一座庄园，豪华的大房间里布置着漂亮的家具，墙上挂满了老油画。我在恩伦的学校上学，很快交了不少朋友。学校紧挨着教堂,父亲的住处近在咫尺,所以我们经常见面。我不知道这段时间持续了多久,大概不到一个月的时间,荷兰就解放了。

解放

和荷兰其他地方一样,村民们挥着旗子欢呼雀跃,走出家门欢迎盟军的到来。解放我们的是加拿大军队,他们开着吉普和坦克进村。几乎没有开火战斗,德军就在混乱和羞辱中望风而逃。坦克和别的机动车停在了村里,我们男孩子爬上去,向里面的士兵喊"哈罗"。有的男孩开始跟他们要巧克力,士兵有什么糖就给什么糖。我没跟他们要,所以没有得到糖果,但这无所谓,我同样很高兴,因为我自由了。我很羡慕那些挥着荷兰国旗的人,我也想找一面国旗,但没找到。为了看加拿大士兵,我四处跑来跑去,连木鞋都跑破了,开了大洞。第二天,当地修鞋匠给我做了双新木鞋。

部队在那里只呆了一两天就走了。后来情况对我来说没有多大变化。我们孩子没去上学,只听大人们谈论谁被捕了,在哪儿及怎么被捕的。几天后,德国正式投降了,那天是1945年5月5日。

我不知道这局面持续了多久,也许一两个星期。

后来母亲突然出现在我所住的农场。她看上去疲惫不堪，双腿浮肿，步履艰难。她从阿姆斯特丹几乎完全徒步走了200多公里来找我们。

德军投降后，阿姆斯特丹解放了。5月5日后，有些地方仍有零星战斗。但大概到了5月10日，人们纷纷从藏身处走了出来。幸免于难的犹太人聚集在犹太区犹太教堂的大广场上。阿姆斯特丹的大拉比泰尔向他们发表演说，据当时在场的母亲的回忆，他说："在我们遭受苦难时，荷兰人曾伸手援助我们，为我们受苦……永远不要忘记荷兰人为我们所做的一切。"

母亲的第一个想法就是和家人团聚。她知道铁欧在那儿，以为我和父亲在格罗宁跟我祖母在一起。因此她开始了她的长征，用"英勇"这个词来形容这次长途跋涉一点儿也不为过。前面说过，母亲1943年摔断了脚和踝骨。由于得不到适当的治疗和休养，关节和骨头没有接好，她的踝骨和脚骨没有痊愈。所以母亲只能一瘸一拐地走路。走不了多远，她的踝骨就痛起来了。更糟的是，在那可怕的冬天，有一次她把一壶开水洒在自己的腿上，造成严重烫伤。尽管如此,她先设法回到水手村的牧师馆,发现房子已被撬开,不少东西被盗,只剩下一些家具和其他物品。然后,她徒步北行,每天晚上找一个战争时期认识的熟人家过夜。后来她来到了长达32公里的大海堤。没有公共交通,也没有任何赶马车的农民通过堤坝,汽车更少见。所以,她只能步行,拄着拐棍,一瘸一拐、步履维艰地从荷兰北部一直走到了弗里斯兰。我不能想象她是怎么走过来的。

在弗里斯兰,她找到了马车和愿意帮她的农民。到了柳瓦登,她乘上了去格罗宁根的火车。好像这次我祖母又是开了条门缝迎接她,问相同的饭票问题。这一障碍她也通过了。然后从格罗宁根去恩伦就简单多了。

我们重逢后,父母商量以后的出路。显然,他们并不很想回到水手村,而那个教区的信徒也不十分欢迎他们回去,何况那些人当中还有人曾出卖过他们。结果是父亲先留在格罗宁根,找一份临时的牧师工作,母亲和我回阿姆斯特丹。

我们又回到了从前被盖世太保搜查过的王子河边的小阁楼。我觉得那地方比以前更小更简陋了,只有母亲和我住那儿。刚解放时,铁欧被送到一个犹太孤儿机构,那里的情形实际上很糟糕,至少对铁欧来说是这样,住在那里意味着开始了一段和战争期间一样艰苦的日子。

在某种意义上,我和母亲的日子同样艰难。战争是可怕的,但我们顽强地抗争,对未来充满希望。现在和平时期到来了,除了我们不再有被捕的危险之外,什么愿望也没有实现。我们什么都没有,甚至没饭吃。阿姆斯特丹解放后,瑞典飞机曾飞过城区,扔下成箱的面包黄油等物资。但这些东西早就没了。母亲搞到一些饭票,但由于我们不是阿姆斯特丹的居民,我们得到的饭票很少。那些票子只能买几罐本来是盟军应急用的压缩饼干。吃这种硬邦邦的东西要特别小心,因为是压缩的,在胃里会膨胀。万一吃得过多,肚子会胀破!我们没有家具,所有的家私在遭搜查时都被拿走了。一个政府救助机构提供了几把不同型号的旧刀叉、几个不配套的盘子、一把椅子和一张放花瓶的小桌子。我记得我默不作声地坐着,就着水嚼一块压缩饼干。母亲坐在我对面,她试图拿那张桌子开玩笑,说它好像"特拉德尔为未来的家买的第一件家具"(《大卫·科波菲尔》里的故事)。接着,又是一阵沉默,实在没什么可说。

我们不得不离开阿姆斯特丹,除了水手村,我们无处可去。我们发现牧师馆里几乎空无一物了。前面说过,盖世太保查封了这个住处,后来那些亲爱的村民们强行打开了后门,把他们喜欢的东西都拿走了。我父亲的书没拿走,那些书显然提不起他们的兴趣。此外,还剩下些旧家具,大概也是因为他们觉得太难看才没被拿走。后来,母亲的主日学校重新开张时,孩子们带着曾经是母亲最好的餐巾来上课,它们是手工织的瑞典布做的,上面缀有母亲名字的第一个字母。孩子们把这些餐巾放在口袋里当手绢用。

不久父亲和我们会合了。他留在格罗宁根的想法没能实现。母亲试图和学术界的朋友联系,给父亲在大学里找个工作,强调他的博学和他在战争中的勇气,但遭到了拒绝。表面上抵抗战士是英雄。实际上,那些跟随女王一起逃到英国又一起回来掌权的保守派,根本不情愿承认像我父母那样抵抗德国占领的人们的功绩，他们的行动被认为不是出于爱国主义，而是出于同情心；他们打击纳粹，不是"为了祖国和女王"，而是因为他们是社会主义者，是人道主义者，最主要是因为他们反对迫害犹太人。刚解放时，没有任何形式纪念我的两个表兄布冉和沙柏以及同他们一起遭到杀害的战友，没有给他们任何荣誉。我大舅达科为此深感绝望而自杀。

我们回到水手村之后，母亲被任命为"清查委员会"的委员。这个组织的任务是检查在战争期间与纳粹在经济或文化上有勾结的人。如果查出有罪，这些人将面临解聘、高额罚金及没收非法财产的处罚，但不会被当作为犯人处死。母亲所在地区委员会的会议在伊顿举行。由于没有通往这个城市的汽车或其他公共交通工具，母亲联系好伊顿的乳品厂卡车司机，他们每天早晨5点来向农民收集牛奶，顺便捎她到伊顿。她很快就发现委员会对富人和有影响的商人很宽待，而对小店主和修补匠却相当刻薄，这些人实际上并没在战争期间牟利。她因此辞职了。今天，已经有出版物证明母亲是对的。当时荷兰的大商人几乎都与纳粹有染，政府操纵的清查委员会却尽量避免使他们难堪。

1946年，母亲在阿姆斯特丹做了脚骨和踝骨手术。手术后她被送到专为抵抗战士办的一个疗养院养病，疗养院设在荷兰最富裕的城镇阿登豪特的一所豪宅里。她住了两三个月。和她一起的还有许多抵抗战士，但很多人忍受的不是身体上的伤痛，而是心理上的创伤。我到那去看过她几次，还记得疗养院里那种奇怪的气氛。母亲的手术并不成功，脚还是有伤残，她仍然无法正常行走，经常疼痛。

去德国

从疗养院回到家，母亲的第一个念头就是与她在德国的众多朋友恢复联系。她始终热爱德国，因此更加痛恨希特勒和纳粹，而当时在荷兰流露反德情绪十分时髦。母亲花了好大的精力才办好拜访朋友的手续。她最亲密的朋友希尔德·弗尔格住在苏联占领的东德，她没拿到去那里的签证。但她带我去了西德。第一次行程是在1948年夏天，我们没完没了地坐火车，在边境花了好几个小时等候行李。所有的礼物：咖啡、奶酪、毛毯等物品都需要检查。在德国，为数不多的火车上挤满了人。清晨，火车沿着莱茵河行驶，我站在一节车厢末尾的阳台上，风景美极了，那是我有生第一次看见了山！一种强烈的攀登欲望，攀登所有的山的欲望在我心中涌起。

我们在去哈瑙的中途，在法兰克福停了下来。希尔德的姐夫住在这里，他是个医生。两个地方都遭到了破坏。我现在能回忆起的哈瑙是遍地瓦砾的平原，中间伫立着几栋残破的房子，医生就住在其中的一幢。海因茨·弗尔格是位安静温和的人，话不多，和他妻子形成鲜明的对比。她喋喋不休，用尖利的嗓门发表自己对世界的过去和现在局势的看法。且不说她的见解和母亲的相悖，她甚至连母亲有什么看法也不想知道。她尖刻地抱怨现在全世界都仇视德国人。如此不公平！如此无理性！好像有知识的人们都不知道德国人是世界上最好宴饮交际的，比其他国家的人都爱宴饮交际！现在美国佬把一个犹太人推出来当哈瑙市长！他们怎么能做出这种事！他们想干什么？一个人应该总是以怨报怨吗？等等。我记得从窗户往外看以前的市区，按照她的看法，那儿"都已经重建了，或在短时间内会建得比以前还好"。母亲坐在她对面，沉默不语，嘴唇挂着一丝苦笑，面前放着我们从荷兰带来的咖啡豆和别的礼物。

我们在第二家的拜会要愉快得多，呆的时间也长些。我们拜访的是母亲1925年在慕尼黑时结识的朋友格特鲁德·冯·赫尔姆斯泰特，她是位作家，活跃于慕尼黑热闹的20年代的知识分子圈子里。她还把母亲介绍给许多其他作家朋友。格特鲁德是位女伯爵，她出生于一个古老的世家。她的家族有一座小城堡，位于一个叫做霍赫豪森的村庄里。战争接近尾声时，她在慕尼黑的房子遭到轰炸。她只好回到了家乡，一直住到现在。霍赫豪森位于内卡尔河的左岸，四周是布满森林的山峦，风景如画的村庄和许多老城堡点缀其间。这个非常浪漫的地方没受战争的纷扰。对于格特鲁德一家和城堡来说，时间仿佛在几十年前就停止了。

当我们走下从海德堡到内卡尔河对岸莫斯巴赫小站的火车时，迎接我们的不只是母亲的朋友一人，还有她的全家。作为一家之主的布雷卡特伯爵，脱下他那远在战争前流行的旧款草帽，并一边鞠躬说"布雷卡特·冯·赫尔姆斯泰特"，一边吻母亲的手。母亲由于已经很长时间不习惯这种殷勤的礼节了，显得局促不安，没有鞠躬回礼，也没做出得体的回答，而是脱口而出："布雷卡特？布雷卡特？不是奥托吗？"老绅士的反应好像被马蜂蜇似的，他向后退了几步，戴上帽子，愤愤地喊道："奥托，奥托·俾斯麦？！"然后拂袖而去。后来我们才明白母亲有多么的失礼。在俾斯麦统一了各个小公国，成立了由皇帝统治的德意志帝国之前,伯爵还很年轻,是巴登公爵的内侍。德国的统一使伯爵失去了他荣耀的职业。他退隐到自己的小城堡里,他的妻子用他的宫廷内侍制服做了一块桌布。

尽管有这些不愉快的开始,我们在格特鲁德家逗留的几星期,是我最快乐的时光,我很久都没这么快乐过了。冯·赫尔姆斯泰特一家都非常迷人,而且有很高的修养。格特鲁德还有一位从慕尼黑来的朋友住在隔壁,我们常常见面。我和这位朋友的女儿玛雅·劳赫的友谊就是那时那地开始的。这种友谊对我的一生影响极大,我和冰凌用她的名字为我们的小女儿命名。

在儿童公社的最后一段日子

1945年的秋天,我已经回到了比尔托芬的儿童公社。对我来说,最大的变化是我没有再住到原来的老师家,而是被带到一位好心的明阿姨家里。她是一个企业家的寡妇,住在比尔托芬一座相当大的别墅里,离儿童公社不远。由于孤独,也不怎么很富裕,她乐意让一两个男孩在家里寄宿。和我同住的还有一个男孩,叫迪尔克·舍默和恩,是当时荷兰总理 W. 舍默和恩的儿子。这个男孩到我们儿童公社来上学,说明战后一些有影响的人物对盖思·伯克的实验产生了兴趣。舍默和恩和当时的王储朱丽安娜公主是好朋友。后来公主咨询舍默和恩哪所学校适合她的女儿上学时,总理推荐了儿童公社。于是,1947年,荷兰的两位小公主贝娅特丽克丝,现在的荷兰女王,和她的妹妹伊雷娜成了我的校友。

对我来说,这一切并没有多大意义。我已经从身体和心灵上的战争阴影中走了出来。学校、学习以及儿童公社的新变化对我来说都无所谓。我在车间做陶塑，织地毯，有时去画室画画，但很少做数学和语言功课。我试图学点历史，但我的功课成绩不达标，没通过考试。好在大多数老师也不管我。只有一位老师认为我应该学数学，让我去他房间补课。我的"懒惰"激怒了他，有一次在学校里，我的屁股挨了他狠狠的一脚，从教室的一端摔到了另一端。这个事件很独特，因为这绝对不是盖思·伯克所设想的教学法。这件事没什么影响，因为没在班组会上讨论过。

明阿姨很爱我。她鼓励我学习音乐，给我买了把小提琴，花高昂的学费给我请了一位音乐教师，他是我们的邻居。一个美国亲戚送来一些男孩子穿的旧套装，衣服不错，她让我穿上，配上白衬衣，打上领结，然后我们就去餐馆，她会点各种各样好吃的东西给我吃，说我是她的骑士。她安排了独奏音乐会，她弹钢琴，我拉小提琴——我记得我拉的琴声特别难听，但所有到场的亲戚朋友都和她一样给我鼓掌，说些鼓励的话。

明阿姨也喜欢我父亲，他来看过我一两次。我记得他当时脸色苍白，两颊深陷，胡子拉碴，衣服悬挂在瘦弱的身躯上,棕色的眼睛看起来很忧伤,但他仍是个才华横溢的知识分子。他有时晚上来访,坐在炉子前和我们说话,深得明阿姨的欣赏。

两年后,母亲认为明阿姨太娇惯我了,而且我的学习成绩太差,她安排我到另外一个教师家庭住宿。自那时起,我再也没练过小提琴。我努力成为一个好学生,但成绩不佳。我越来越多地沉浸在自己的幻想世界中。我开始有了分辨真实和虚幻的障碍。这个问题暴露后,儿童公社的一些老师,甚至盖思本人也把这当成一件事来解决:要我必须学会"诚实"。每天晚上,要我忏悔白天说的"谎言"。实际上绝大部分是杜撰出来的,没有一句故意伤害别人的话。一位上了年纪的女老师每次都警告我,她把治疗我的不诚实当成自己的责任。我真诚努力地想说真话。问题是,我并不总是知道实情,而且在我童年期间,别人告诉了我许多不真实的东西,包括儿童公社的老师,有时还有我母亲,虽然她并不是个不诚实的人。所以我难以分辨真伪,而且一直存在这方面的缺陷。

我不仅弄不清楚什么是真实什么是虚假,也对我所学的宗教信条的意义产生了疑问。天主教堂和十字架引起了我的兴趣，它们意味着什么？在我谙熟于心的巴赫"圣马太受难曲"中，对耶稣受难的描写深深打动了我。在这里的每一次讲道，我一次次地受到这样的教导："他为我们的罪而死"，"他的鲜血洗涤了我们的罪恶"。另一些常见的说法是，"救主耶稣宽恕了我们，解救了我们"。讲坛上的牧师会讲一些最近的见闻作为开场白，比如"几星期前，我坐火车从乌得勒支去某某地方，车厢对面坐着一位妇女，她问我……然后我说'女人！你知道吗？耶稣……'"他的嗓音提高了，教堂里回响着这样的话："他为我们的罪而死！我们因信他而得救！"我真的不明白这是什么意思。划十字，做祷告，沉思默想，我还是找不到答案。我因此问所有我遇见的牧师："死在十字架上的耶稣到底意味着什么？"我从来没得到过我认为是清楚和令人信服的答案。有时他们就说，有一天上帝会亲自给你答案的。很显然，他们自己还没有这个荣幸。

我能理解的是，耶稣被不公正地判了死刑，并被残忍地杀害了，但他却原谅了他的敌人。我们也应该效仿他，原谅我们的敌人。这正是战后母亲所身体力行的事情。但这是否意味着我们以前的敌人不再有罪了？希特勒没罪了吗？他和他的同伙应该受到惩罚。难道他在我们这个世界有罪，在上帝和耶稣面前就无罪吗？我很长时间都没弄懂：为什么会有人和神两种不同的正义，而且我听说，这也是上帝定的。

回到阿姆斯特丹

父亲的身体再没从铁窗生活的折磨中复原。他总在生病,1948年的夏天,他突然中风,住进了医院。因为身体条件很糟糕,他再也没有康复过来。我到医院看过他几次,中风使他几乎说不出话,一看见我就结结巴巴地说:"我亲爱的小儿子!"并哭了起来,我也哭了。整个探视就在泪水和抚慰中度过。他再也没能从医院回来,1949年2月,他平静地离开了人世。母亲不得搬出水手村的牧师馆,我也离开了儿童公社。由于无处可去,我们四处漂泊。我们当时有三个人,因为我哥哥婚姻解体后,他的小儿子克拉斯由我母亲抚养。

正在这时,意想不到的是阿姆斯特丹门诺派教堂请母亲做牧师,特别请她给儿童布道,并主持主日学校。这个职务是对她写《儿童圣经》的一种回报。我们搬到了阿姆斯特丹,很幸运地在王子河边上租到了一套原属于我们家族的房子。战后,房子供应控制得很紧,连房主也不许自由处置自己的房

君子河 329 号祖屋(阿姆斯特丹)

产。但因为那个公寓还有一套空房,我们就获准住下了。

我们的生活开始了新的一页。我上了一所不错的中学,经过艰难的适应和追赶,我终于完成了中学的学业,通过了最后的毕业考试,并在1954年上了大学。山姆也过来和我们住在一起,他上了中学,而且一直是出色的学生。他对很多事情有兴趣,就像在儿童公社时,山姆爱好机电,受到当时一本流行书《男孩子的兴趣小组》的影响,我们移居阿姆斯特丹后没几个月也成立了自己的兴趣小组。可是,山姆很快就退出了,他对植物学产生了兴趣,转而参加了一个自然研究小组,而且马上成为一个小头目。这个小组很开放,不正式,同时它却是完全由年轻人自己组成的很认真的组织。它在某种意义上自然而然地、丝毫不哗众取宠地实践了盖思·伯克的儿童公社的理念。我也参加了这个小组,而且真正很喜欢它。我从中学到了不少极有价值的东西。比如,在数十年前,当一般人还闻所未闻时,我已经学了环境学和保护自然森林和牧场的重要性。我还学过严密地观察和分析事物的技巧,以及全面看待问题的重要性。比如研究植物不能只看到植物本身，而应该把它当成是生产它的环境的一部分来看。总之，我从山姆身上学到的东西远比我在学校和教堂学的东西还要多。

母亲的儿童牧师工作干得很起劲。但为了挣到足够多的钱，她仍继续写作和翻译。我们还是很穷。我哥哥学习农业技术是很重的经济负担。还有我和小克拉斯。我的学费不高，骑父亲的旧自行车上学，从来没有像样的衣服——虽然我也梦想有几件。当然，我和小克拉斯都要花钱的。但我们还是挺过来了，而且我不能说我曾缺少过什么。有好书出版的时候，我们就去母亲的编辑经营的书店里赊一本，用她以后的稿费作担保。母亲从来就等不及拿版税，只要完成了书稿，签了出版合同，总是迫不及待地卖掉手稿，一次性地拿到一笔钱补贴家用。

有好戏剧在城里的剧院上演时，我们也会去看，买最旁边座位的便宜票。不管怎么说，我们看上戏剧了，这才是最重要的。我们通常不去餐馆吃饭，但当我们有什么事要庆祝一下时，山姆和我就去附近一个咖啡馆，买些法式炸薯条拿回家大家饱餐一顿。我们一星期只吃一次肉,而且是最便宜的那种。母亲喜欢葡萄酒和荷兰烈酒,但家里从没有存过一瓶。我们过生日时,母亲就自己烤蛋糕给我们吃。不用说,我们男孩身体都不错。

由于母亲要努力工作,我必须帮忙做家务。我们有时候也会雇用一位清洁女工(她们后来都毫无例外地成了家里的好朋友),但有时我们无法负担这种奢侈。我在儿童公社已经学会了打扫卫生、洗衣、烹饪,所以我干点力所能及的家务活,负责家里的大部分采购任务。我自己洗衣服,自己熨,自己补,我必须照管我自己。母亲工作到深夜,我必须早起上学,学校在另外一个区。所以经常是我起床时,母亲还在睡觉。我自己做个三明治,一边骑车一边吃。早上上学的课间,我们有牛奶喝,这很管用。中午,我没有时间回家吃午饭,而是去最近的面包店买两小片面包和一小块巧克力。我带着这些吃的东西到那空空的教室里,把面包切成小块,每块都放点巧克力,然后边温习功课边嚼着面包。除了这个,我的午餐好几年都没有别的可吃。

星期天我应该去教堂,但母亲并不逼我去。后来我17岁时，她让我当了她的主日学校里众多班级中的一个班的老师。我和她一样，擅长讲故事，孩子们也很喜欢我。除此之外，我的工作没有其他的回报。我还必须去听我二舅弗利斯牧师的基督教教理课。虽然那时去门诺派教堂的人还不少，但阿姆斯特丹大教堂雇用了许多牧师，听我舅舅讲课的人实在是少。大多数的时候，就我们俩在教室里。课开在星期二晚上，地点在门诺派教堂的会议室里。这是一间漂亮的房子，沉重的古典家具，用大幅老油画装饰墙壁。他的课不仅长，还难懂。我尽量想弄明白他的意思，甚至提出问题，他不习惯这个，可还是没弄懂。很多年后，我在读他写的众多著作的一本时，开始明白了一点他那复杂的思维方法：他混杂了马克思列宁主义的政治思考、犹太人对弥撒亚的信念以及皈依基督教世界的使命。由于这种"革命"思想的几个方面不适合在保守的阿姆斯特丹门诺派教区里公开阐述，他谨慎地用了拐弯抹角的方式来表达自己的观点，除了他自己没人能真正明白他的想法。

我舅舅希望我能在门诺派教堂受洗，由于母亲在那里任职，也悄悄地施加了一些压力。我是个好孩子，虽不情愿还是服从了我所爱的人。我把我所信仰的写了张声明，并以门诺派方式受了洗。我说过，我在瑞典受过洗，一年后父亲再次为我施洗。这次在门诺派受洗已是第三次了！我把自己比作中世纪的宫廷小丑和草莽英雄蒂贾·乌伦施派格尔。据说，他也三次受洗。当我跟母亲说起这件事时，她觉得一点都不好笑。

铁欧

经过不可胜数的收养家庭、寄宿学校和教管所，铁欧最终也和我们住在一起。由于战争的创伤，他很难适应战后荷兰的生活。他非常聪明，擅长于写作，因此打算从事新闻工作。但他经常感到绝望，要么和小流氓混在一起偷东西，要么企图自杀。他受到了法律监护，并接受了心理治疗。

铁欧到了法定年龄18岁，就在生日那天离家出走，去了巴黎。他给母亲留了一张字条，说他厌烦了一切，想去参加法国外籍军团。铁欧一直梦想得到军人的荣耀以及钢枪和军服带来的权力。母亲大吃一惊，马上决定去巴黎劝他回来。当她收拾行囊时，我建议作为铁欧的义弟，我也应该同去，可以帮忙劝他改变主意回家。母亲说这主意当然不错，但她说没钱给我买火车票。我建议搭免费的过路车去巴黎，她同意了。我们作了如下约定：三天后中午在巴黎的火车站北站前见面，不见不散。她给了我10个荷兰盾让我路上买吃的就匆匆上路了，我往帆布背包里装了几样东西后也出发了。

那次旅行我记得不很清楚。我从没去过巴黎,我只有一张比利时和法国地图,我试图找出最佳路线。汽车在当时还少见。而且每当有好心的司机捎我到一个城镇时,我会在郊区下车,或在城中心下车,然后必须走一段长路,走出城区,回到主干道上。但我还是顺利到达了目的地,在第三天的早晨,我搭一辆卡车进了巴黎,然后坐地铁在中午前赶到了北站,在那儿等我母亲。中午时分,母亲还没有出现。我继续等,在车站的里里外外到处找她,但没找到。到了下午三点,我觉得不能再等下去了。我听说有急事可以向荷兰领事馆求救,于是便到一家小咖啡馆找电话簿查询。一位好心的女士帮了我忙,我很快就查到了地址:康斯坦丁街12号。我在地铁里的地图上找到地址后,立刻就去了。领事馆的门关着,我按了门铃。一位穿着讲究的时髦女郎开了门,用法语说:"领事馆闭馆了!"在她关上门之前,我用法语迅速说出了我来访的意图。看我穿着男孩子的衣服(我仍穿着短裤)背着小帆布包站在那儿疲惫不堪的样子,她一定是产生了同情心。她把我让进了大门,并去找领事。过了一会儿,我跟她到领事的小办公室里。他是位年轻、善良的官员,而且看上去穿戴整齐。他叫海布雷赫特,听我说了自己的情况后神情变得严肃起来。他见过母亲,而且昨天一整天都和她在一起联系铁欧的事。铁欧的确已经加入了法国外籍军团,他即将和一批新兵一起从巴黎开赴马赛。这次新兵转移由一个军官率领,他们必须从万塞纳坐地铁到火车站。这些信息都是领事收集的,他安排母亲和他一起搭乘同一班地铁,以便有机会和铁欧谈话,劝他放弃参军的主意。计划进行得颇顺利,但铁欧看见母亲和领事时,仍很固执,不想放弃。

那是一天前的事了。据领事说,母亲住在拉丁区的一个小旅馆,今天早上已经回阿姆斯特丹了。当我也请他帮助我回家时,他好心地借给我10个荷兰盾,和母亲给我的数目刚好一样。他指点我到不远处一个非常便宜的旅馆——"青年旅舍"过夜,并祝我旅途愉快。

我先去了拉丁区的旅舍,店主确认当天上午一大早母亲就走了。我买了根法国面包棍就去了青年旅舍。安排好床位后已到了傍晚时分，我刚碰到几个小伙子，我相信他们是意大利来的，我和他们上街，坐地铁寻找蒙马特尔。我们在蒙马特尔街站下了车，犯了和其他成千上万游客同样的错误，我们要找的那个著名山顶区还远得很。我们开始步行，可是一直没到达目的地。这不要紧，我们仍然是在一个美妙的城市里度过了一个美妙的夜晚，每分每秒都令我开心。

第二天早晨，我又踏上了回故乡之路。这回我的运气可没那么好了。经过了三天的步行、睡板凳及横穿比利时，我到达了荷兰海泽南部，这时身上的钱已所剩无几了。为了往北奔阿姆斯特丹，我必须过一个摆渡。买票时发现差5分钱，就向另一个旅客讨5分钱，他好心地塞给了我一枚硬币。到了河对岸，我仍然离阿姆斯特丹很远，而且不在主干道上。我又累又饿，采取了一个冒险的行动：我去了火车站，没买票就上了一趟去鹿特丹的火车。一切顺利。在鹿特丹我又如法炮制，又没被发现。那天傍晚到了阿姆斯特丹走路回到了家里。

我进门时，母亲正在客厅里静静地读着一本

书。"你回来啦!"她说,好像在等我回来似的。"你去哪了?发生什么事了?"我哭了。她说:"哦,你是去了巴黎?是这样,我在火车站前的咖啡馆里等你,但没看见你。我左看右盼,每次我都以为是你,结果却是别的男孩子。你知道吗?巴黎的好多男孩和你长得一模一样!后来,我就放弃了,坐了火车回家。"

这个解释给我留下了深刻的印象。就像母亲说的,巴黎所有的男孩都和我长得一模一样!我一直想不通,为什么我不适应荷兰的生活,我到底属于哪一类?母亲的话使我第二年的暑假又回到了巴黎。我去了同一个青年旅舍。我看够了巴黎之后,搭便车去了布列塔尼及努瓦尔穆捷岛。在这次旅途中,我遇到很多友好的人,有的还请我去他们家里,甚至留我过夜。经历证明,我在法国比在荷兰更没有异乡人的感觉。母亲那几句轻描淡写的话对我后来决定告别荷兰到法国求学,至关重要。很久以后,直到我已人到中年,才意识到她当时并没说实话。毫无疑问,由于在巴黎发生的一切,她完全忘了我们的约定。无论如何,她给自己下台阶而编造的谎言却帮我离开了荷兰,到一个新的国度寻找自己的未来,对此我从未后悔过。

至于铁欧,他和其他新兵到达马赛的法国外籍军团后被发现是犹太人。当时外籍军团有许多来自德国的前警察。他挨了打,立刻被踢了出来。他身无分文,又无脸回阿姆斯特丹,在马赛呆了几个月。法国警察向荷兰政府报告了他的行踪,他因此被遣返回国。因为他当时仍然在法律监护期,他私自去法国是严重的违规,于是他被拘押在一个青少年教管所,直到21岁才放出来。

幸运的是,铁欧在所里很适应,不久便赢得了指导员的信任,允许他为当地一家报纸做兼职。刑满释放时,管他的司法机构想取得他的监护权,这样他就无法自由处置父母的遗产了。母亲动用了所有的朋友关系反对这个武断的裁决。奔走了一年多,最终获得了成功。

铁欧获释后,他先报名加入了荷兰军队。在部队里,由于他说自己热爱部队,并且获得了中学文凭(不是真的),他被提升为上尉。后来,我在巴黎的学习进展顺利时,他来巴黎和我相聚,并进入巴黎高等政治学院。几年后,他成功地毕业了,写了一篇有关印度南部喀拉拉邦的政治经济学论文。他还参与了一个古巴发展项目,会见了格瓦拉,这使他在国际上声名远扬。1965年回到荷兰后,他成为著名的新闻记者和政治评论家,并编辑荷兰最有名的文学杂志《指南》。尽管一直在做心理治疗,他的绝望症时常发作,几次试图自杀,最后一次是在1970年1月,这次他如愿了。在他的葬礼上,许多作家和记者都发言怀念他,《指南》出了一期特刊纪念他。直到今天他仍被人记起。他把剩下的钱都留给了我的小侄儿克拉斯。

母亲的晚年

刚开始时,一切都好。作为未婚母亲,25年来她一直被流言飞语所中伤。现在,她终于重新被阿姆斯特丹社会所接受,她当然很高兴。母亲的儿童牧师工作干得很漂亮,主日学校也办得很兴旺。

她工作太勤奋了。除做牧师,她还继续写作,甚至写了第二本《儿童圣经》。这本书不是第一本的简本,而是全新的一本书,因为是为更小的孩子写的,更短更简单些。

她也很孤独。尽管我们在阿姆斯特丹的生活很愉快,但是抚养小克拉斯绝非易事。铁欧问题也比较大。山姆越来越武断,爱自行其是,他和母亲的关系变得紧张起来。我在寻找答案:我是谁?归宿在哪儿?我一生中该做什么?因为我没有找到清楚的答案,也没有榜样可循,我产生了不安全感,变得非常内向。

母亲疾病缠身。饥荒和在水手村的艰苦日子损害了她的身材,她发胖了。这对她的受伤的脚不是件好事。1954年的春天,她做了最后一次手术,重接了骨头,但手术再次失败了。她跛足行走,总是要忍受巨大的疼痛。

经过这次手术以及5年的繁重工作,母亲开始陷入困境。她没那么多的精力来应对自己及工作负担。她招募了一个助手,但这人很快就对她阳奉阴违。门诺派教堂委员会找她的麻烦,说她为几个主日学校办圣诞庆祝活动花钱太多,他们质疑的不是母亲的品行,而是预算。阿姆斯特丹的门诺派教堂很有钱,他们找母亲的麻烦,真正原因是对她的人格以及在社区深得人望抱有怨恨。母亲奋起反击,写了一封强烈的抗议书,并递交了辞职信。

她当时已年近六十。威廉从瓦革宁亨农业大学毕业后,在印度尼西亚的一个大甘蔗种植园做总经理。母亲的弟弟爱斯构也成了新印度尼西亚苏加诺政府的金融顾问。铁欧给母亲买了去印度尼西亚探望他们俩的往返船票。她辞去了教堂的工作,写完第二本《圣经》后,心怀感激地接受了他的好意。

1955年10月,她从鹿特丹乘船去雅加达。这次旅行非常愉快。去看望弟弟和儿子自然不错,但最令她着迷的是这个国家,是印度尼西亚美丽的风光及同样美丽的居民和他们的生活方式。东爪哇巴蒂的一个门诺派传教机构邀请她住在他们那里。她生活在实在的印度尼西亚社会,真的感到非常高兴。在鹿特丹上船的时候,她有一种不祥的预感:这也许是她最后一次旅行了。她在给我讲述这个预感的信中说:"但既然我已经来到这个美丽的国家,开始了解它的人民,我非常高兴,希望能活得长一点!"

呜呼!她的预感应验了。在巴蒂,也许是热带气候的缘故,她那治疗不当的脚出现了血栓。血块引发了腿上严重的血栓。进行抗凝血治疗时,又引起了痢疾。治疗只好停止了。她于1956年3月2日去世,葬在巴蒂。

我接到哥哥的电报时正在巴黎,电报写道:"母亲今天去世。"这是一个阳光灿烂的春天早晨。上一个秋天,我已经开始在巴黎大学东方语言系学习中文,母亲热情支持我的选择,于是我就去上学了。我就这样打开了人生新的一页:没有了父母,我也不再是孩子了。

篇后话

尽管发生了前面所说的诸多无法预料的事,我还想说,我并不觉得自己的童年不幸。父母之爱使我快乐和自信,即使有时难以接受。

我曾问过母亲关于战争年代及其她所忍受的苦难,她开心地回答,那不算什么,"战争年代是我一生中最好的时光。那时候,你知道什么是该做的。事情很清楚:你知道谁是你的敌人,谁是你的朋友"。

对我来说,最重要的不是战争本身,而是我7岁离家开始的"独立"生活。除了最后几年和母亲在阿姆斯特丹一起生活外,我从7岁起就没和我的父母真正生活过。我有一次问她:"我那么小就离开家对你意味着什么?"她说:"对我来说很不容易,因为你是我的快乐的源泉。但这是最好的选择,是为了你好。"

她当然做得对。她决定这样做的诸多原因中,我已经提过一些:当地学校的困难以及当地社会的困难,而且这些困难因我父母在教区的神职工作而加剧。除此之外,我父母关心我们的教育,希望我们按他们的理想长大成人。他们希望把自己对一个更美好的社会的信仰灌输给我和哥哥。如母亲写给希尔德·弗尔格的信中所说的:"如果我不能把我对新世界的信仰灌输给我儿子,那我就虚度此生了。"我们的父母明白教育和学校对威廉和我、对山姆和铁欧的价值。他们用温和与理解的方式,做能做的一切来帮助我们实现理想。他们当然相信儿童公社是我的最佳选择。

真是这样吗?我儿时去的比尔托芬儿童公社,今天已成为一种神话,尤其因为荷兰公主也曾在那里上过学。盖思·伯克注重儿童智力发展的教育思想已经影响到当今的荷兰教育体制了,这也许是件好事。

我在儿童公社学到的许多有用的东西之一,就是用自己的双手干活。我会像清洁女工一样打扫房间,我会洗衣服、熨衣服、缝扣子、补袜子。我还会做木匠活,后来在巴黎,我单独完成了一栋老房子的大部分维修工作。我知道如何维护花园、如何种蔬菜。通过这些,我学会了尊重干体力活的工人和农民。我感觉不到自己和他们之间有什么阶级区别。

我还学会了一些艺术表现形式。有一阵子,我甚至认为我会从事艺术行业。其实不然,不管我是否喜欢,我是个天生的知识分子。但通过做泥塑、画画、唱歌我能够克服很多困难。同时艺术也让我认识到在生活中有比钱更重要的东西。我会欣赏艺术,并能进行艺术创作:画画、作曲、表演、设计建筑,尽管不一定做得很专业。

我的老师没有给我施加压力,让我服从一切成规,使我少年时的好奇心和创造力得以保全。后来,我在生活中有时能看到别人看不到的东西,问别人可能没问过的问题。我能与人合作,但我也能独立工作。这种特立独行似乎应该归因于我受的良好教育。但现在我明白,这不仅是由这种教育好的一面造成的,也是由于它的不好的一面造成的。

我们的教育者是理想主义者。和许多其他理想主义者一样,他们急于见到他们的理想变成现实,越快越好。总是用理想化的角度而不是依照事情的本来面目看问题。作为这个"儿童公社"的"工人",

我们被告知自己有多优越,而"其他孩子都坐成一排,不许出声,老师让干什么才干什么。他们没有你们那么自由!"

按照这美好的设想,我们理应幸福。实际上,我们不是天使,缺少引导和纪律,不是使我们表现更好,而是更差。我们捉弄我们的"工友",对他们创造的一切有助学习的手段满不在乎,对于自己的特殊地位,我们抱怨多于感激。我们粗鲁地取笑患有孤独症的同学,不记得有人为此受到批评。我们不允许像其他男孩子那样踢足球。因为盖思·伯克认为足球是激烈的运动,男孩能玩,女孩不能玩。由于没有男女分班,我们只能玩男女皆宜的游戏。

老师经常提醒我们,由于我们已经受了性知识教育,我们不能再进行性别歧视了,也不可以讲黄色笑话。盖思·伯克认为,性不只是爱情,也是最美好、最神圣的表达爱的方式。我们男孩(有时是女孩)怎么能够用讲黄色笑话来亵渎这么圣洁的事情呢?还教导我们不要碰生殖器官,小便时男孩子应该守规矩,只用两个指头。

为避免任何不健康的好奇心,我们上了性知识课，课讲得很详细，不是单独上课，而是全班一起上。我们的教学大纲上有人和动物妊娠的详细表格、男性生殖器的长度、女性生殖器的深度，等等。课是我们的生物老师上的，但盖思·伯克不时会走进教室参与讨论。他喜欢谈论大自然的奇妙。我记得他讲种马的威力时，用手围成杯状来形容睾丸的大小。他总强调我们能接受这样的教育是多么幸运，而普通的学生对这些则茫然无知。那些可怜的孩子无法欣赏了解到性的美妙，结果只能互相讲些黄色笑话取乐。

我们当然也喜欢听黄色笑话，也讲脏话。贝娅特丽克丝公主姐妹来了几个月后，传出一条惊人的丑闻：有同学教她们说一些脏话和好玩的笑话。在那天晚上的皇家晚宴上，两个姑娘津津有味地在朱莉安娜公主及其他皇室成员面前学她们刚听来的新鲜话，可把他们激怒了。

别担心这些毛病，我们被认为是新时代的先锋，一代新人类的希望。事实上，我们只是被用来做实验，经常得不到良好的照管。在学生宿舍里，还有很多肮脏和疏忽之处。记得七、八岁时，我还没学会洗生殖器时应该把包皮翻上去。结果，那地方慢慢地发炎了，疼痛起来。还有一次发生了一起严重的意外。我8岁时和山姆住在同一个房东家。有一天我坐在饭桌边摇晃我的椅子，不小心椅子翻了，我的额头砸到旁边的钢琴角上，头上砸了一个窟窿，流了很多血。房东没有把我送去医院，却按当地的老做法抓了一把黏土敷在上面，用绷带包起来。我的伤口隐隐作痛，但我很骄傲，缠着绷带的脑袋很引人注目。一星期左右，伤口再也没有处理过，绷带脏了才换。后来才发现，黏土在某些地方已经硬得像石头，在其他地方则融化了，和脓血一起渗了出来。我被带去看医生，他看到伤口时毫不客气地破口大骂，狠狠地责备我的女房东。我被安排全天休息，由护士照看。伤口很快消炎了，也慢慢痊愈了。至今我脑袋骨折处还留有一道痕迹。

我说过，在战争期间，儿童公社的很多成年人积极参加地下抵抗活动。而在学校里，从不提纳粹的话题，因为盖思·伯克向来强烈主张和平主义，反对军国主义。当百万人被送到死亡集中营时，当整个国家处于恐怖之中时，我们还继续唱道："让我们坚信人的善良本性。""人性本善!"我想这种完全脱离现实的理想主义从某意义上说和我在战争结束之际在格罗宁根见到的加尔文教堂里的神学之争非常类似。

这种教育的结果是,当我们这些"工人"必须离开儿童公社时,对外面的世界很不适应。由于许多偶然的机遇凑在一起,我居然得以读完中学,并升入大学。但后来公社同学重逢时,我意外地了解到,除了个别人之外,很少有人在以后的生活中能事业有成。归结来说,我少年时代的经历不仅使我独立,也使我对理想主义、崇高事业、宏大的理念等保持警惕。

母亲去世后不久,我不再信基督教了。这一切都是逐渐发生的。我读了一些法国和英国思想家的著作:伏尔泰、萧伯纳、阿兰等,同时开始研究非西方文化。学习中文经典使我对老子和庄子的思想有所了解。我并非真的被道教所吸引,只不过碰巧那是我的教授的专长而已。我真正想探询的是中国艺术灵感的源头。我摸索到一条正确的途径,这花了我大半生的时间。世人对道教知之甚少,理解更少。我尽了自己最大的努力来研究它,使之逐渐被认识。倘非如此,我觉得不公平。在这一过程中,我发现道教中最具有特色的辩证思想正是反对空想和教条主义的有力武器。

后来,在台湾南部做田野工作时,我最终遇到了耶稣。那是在1964年的西港大王醮上,他是一位童乩,意思是"年轻的先知",虽然他并不那么年轻。在游行的行列和参加庆典的人群中,他把自己奉献给了这个世界,通过牺牲自己的身体来赎世上的罪孽。他受了伤,血流满身,看上去很可怜。他站在一边,喃喃自语,说着别人听不见的预言,旁边有些人在围观。虽然那天庙宇前面的广场上有好几位童乩,但只有在他的眼睛里我看到了羊羔的无辜。

袁冰凌　整理
2005年3月于福州

参考材料

Ruth Liepman,*Vielleicht ist Glück nicht nur Zufall*(《也许幸运不仅是偶然的》),Cologne,1993。

Ferdinand van Melle:*Johanna Kuiper(1896—1956),een biografie.*(《约翰娜·高柏传(1896—1956)》),硕士论文,阿姆斯特丹大学,1994 年。

Theo Stibbe,*Herinneringen*,手稿,阿姆斯特丹,1955 年(?)。

J. E. Schipper-Kuiper,给 Hilde Volger(希尔德·沃尔加)的信(1925—1956),未发表。

"远近丛书"编辑委员会

主编

[中] 乐黛云　中国北京大学教授
[法] 金丝燕　法国阿尔多瓦大学、法国国家行政学院教授

编委

[法] 嘉特琳·甘涅 (Catherine Guernier)　法国人类进步基金会文化间项目负责人
[中] 高秀芹　北京大学出版社编审
[法] 马克·乐布施 (Marc Leboucher)　法国 Desclée de Brouwer 出版社社长
[法] 米歇尔·苏盖 (Michel Sauquet)　法国人类进步基金会出版项目负责人
[中] 赵白生　北京大学教授
[中] 钱林森　中国南京大学教授

作者简介

张　炜

1956年11月生,山东龙口人。山东省作家协会主席。他是一位擅于长篇写作的作家。著有长篇小说《古船》《九月寓言》等,中篇小说《秋天的愤怒》等,短篇小说《玉米》等,散文《融入野地》等,诗集《皈依之路》等。长篇小说《古船》被评为"世界华语小说百年百强"和"中国文学百年百优"。

施舟人 (Kristofer Schipper)

1934年生,历史学家,人类学家,主要学术领域为道教史与中国礼仪研究,他是首批获得中国永久居留权的外籍人士。他发起多语种《五经》翻译项目,发起建立"欧洲汉学协会",至今依然是西方有影响的汉学团体之一。他的代表作《道体论》有法、英、荷、意、日等多种文本,部分论文结集为《中国文化基因库》出版。他的《庄子》和《老子》译本广受欢迎。

图书在版编目(CIP)数据

童年 / 张炜,(法)施舟人著;袁冰凌译.—北京:北京大学出版社,2011.6

(远近丛书)

ISBN 978-7-301-18376-2

I. ①童… II. ①张… ②施… ③袁… III. ①比较文化-研究 IV. ① G04

中国版本图书馆 CIP 数据核字 (2010) 第 264997 号

书　　　名:	童年
著作责任者:	张　炜　[法]施舟人 著　袁冰凌 译
责 任 编 辑:	梁　勇
标 准 书 号:	ISBN 978-7-301-18376-2/I·2306
出 版 发 行:	北京大学出版社
地　　　址:	北京市海淀区成府路 205 号　100871
网　　　址:	http://www.pup.cn　电子信箱: pw@pup.pku.edu.cn
电　　　话:	邮购部 62752015　发行部 62750672　编辑部 62750883 出版部 62754962
印　刷　者:	北京中科印刷有限公司
经　销　者:	新华书店
	787 毫米 × 1092 毫米　32 开　6.5 印张　6 插页　90 千字
	2011 年 6 月第 1 版　2011 年 6 月第 1 次印刷
定　　　价:	22.00 元

未经许可,不得以任何方式复制或抄袭本书之部分或全部内容。
版权所有,侵权必究。举报电话:010-62752024　电子信箱:fd@pup.pku.edu.cn